MEIA DÚZIA DE OLHARES

CAMUS
editora

MEIA DÚZIA DE OLHARES

ANA JANETE PEDRI

GIL SALOMON

JURA ARRUDA

LUIZ PASCHOAL

NILZA HELENA DA SILVA VILHENA

VIVALDO BORDIN JR.

CAMUS
editora

COORDENAÇÃO EDITORIAL
Elyandria Silva

DIAGRAMAÇÃO
Beatriz Sasse

CAPA
Arte de Michelline Móes sobre foto de Roseli Salomon

PRODUÇÃO GRÁFICA
CAMUS Editora

REVISÃO
Elyandria Silva

[2014]
Todos os direitos dessa edição reservados à
CAMUS Editora Ltda.
Caixa Postal 12 / CEP 89520-000
Curitibanos – SC / (049) 3241 1657
www.camuseditora.com.br
atendimento@camuseditora.com.br

Dados Internacionais de Catalogação na Publicação (CIP)
(Câmara Brasileira do Livro, SP, Brasil)

Meia dúzia de olhares. -- Curitibanos, SC :
Camus Editora, 2014.

ISBN 978-85-65-819-09-1

1. Contos brasileiros - Coletâneas.

14-01931   CDD-869.9308

Índices para catálogo sistemático:
1. Antologia : Contos : Literatura brasileira
869.9308
2. Contos : Antologia : Literatura brasileira
869.9308

ÍNDICE

DIFERENTES OLHARES

ANA JANETE PEDRI

Apressa-te a viver bem e pensa que cada dia é, por si só, uma vida". Sêneca

A autora nasceu junto com a primavera de 1958. Meia dúzia de primaveras depois ela percebeu que ler era um dos maiores prazeres de sua vida! Mais tarde decidiu colocar no papel o que lhe ia na alma. Hoje ela já não tem certeza do que gosta mais: se ler ou escrever. Mas não duvida que precisa de ambas para viver!

Contato: https://www.facebook.com/AnaJanetePedri
ana.janete@pedri.com.br

AUSENTE

Cena 1: Ele chega, olha-a com ternura e a enlaça em seus braços fortes. Ela estremece e juntos partem no carro modelo esportivo, recém-tirado da concessionária, com todos os opcionais. O vento batendo no rosto.

Cena 2: É fim de tarde e ela, feliz, espera o marido. Os dois filhos (um menino e uma menina) brincam na sala ao lado. A casa, grande e bonita, toda ajardinada, é a moldura do retrato de uma família feliz.

Cena 3: Ela acorda com a luz entrando pela janela. Ele abriu as cortinas e exibe um sorriso sensual, cativante. Tem nas mãos a bandeja com o café. Eles riem e ele lhe entrega uma caixinha com brincos de brilhante.

Cena 4: Ela está em Veneza, sorri para os passantes. Está feliz. Terminou a faculdade e está de férias ... tem três meses antes de começar a trabalhar no que é sua vocação ...

Cena 5: Ela tem vinte anos, ele trinta e é rico, lindo e apaixonado...

Vida real: a campainha toca tirando-a dos devaneios. A partir daí a vida perde sentido, mas só por alguns instantes. Em seguida volta a sonhar, assim não precisa mais pensar nas contas, na relação mal construída, nos filhos com problemas, no trabalho que não lhe realiza, nas amizades desiguais, na família distante. Vive o sonho enquanto a vida segue sem sua participação.

BUSCAS

Sempre quis andar de barco, desses bem simples, tipo de pescador.

Só não imaginava que sua "estreia" seria num grande navio e em tais circunstâncias.

Relembrou os últimos anos, anos de sucesso, de felicidade. Tanta e tão frequente que chegara um momento que lhe parecera normal demais. Queria mais. Pensou em Alice, no quanto estiveram juntos, comprometidos. Nos sonhos, nos projetos, muitos realizados. Alguns poucos ficaram por acontecer. Tudo parecia tão bem. De repente, tanta segurança e tantas certezas só lhe mostravam um futuro tranquilo demais, sem sobressaltos, sem emoção. Pensou que seria impossível viver assim. Pareceu-lhe necessário que precisasse de maiores esforços, de mais adrenalina. Num primeiro momento isso o chocou, tentou não pensar a respeito. Ser feliz e nada mais! Pensou em fazer algum esporte radical. Optou pelo paraquedismo, viu que não era isso. Foi para o alpinismo, depois para o *trekking* e, por último, o *bungee jumping*. Nada parecia ser suficiente.

Um dia, revendo as fotos da última viagem, percebeu que não poderia continuar assim. Tinha os cabelos em desalinho e o olhar distante, no rosto algo como um sorriso forçado, triste. Pareceu-lhe um sinal, um indício claro que era hora de mudar. Falou com Alice, mas ela não conseguiu entender nada:

- Como!? Se eram tão felizes!

Ele explicou, e explicou. Ela chorava, argumentava, pedia. Ele cedeu.

Mais dois anos de uma insatisfação camuflada, uma dor no peito que não se fazia ouvir. O pior era vê-la sofrer, não queria. Amava-a. Amava? Acreditava que sim. Seriam felizes não fosse sua necessidade de correr algum perigo, conhecer novos mundos. Novas mulheres?

E então o tsunami de 2004 varreu sua casa, sua vida e levou com ele Alice. Nunca a encontraram. Já não era feliz e continuava inquieto, insatisfeito. Resolveu não mais ter destino fixo e trabalhar num navio lhe pareceu a saída: arrancaria suas raízes e teria aventuras. E ainda ficaria perto de Alice.

De certa forma era a solução perfeita.

CONQUISTAS

Teve um novo acesso de tosse. Coisa boba, um tanto descabido para o momento. Não, descabido seria pouco, melhor dizer, vexatório. Sim, vexatório. Era o primeiro encontro depois de uma série de tentativas frustradas, de outra série de nãos e de uma espera de anos. Na verdade era seu primeiro encontro amoroso depois da viuvez, já beirando os sessenta anos de idade. Ela tinha vinte, talvez vinte e um, não tinha certeza. Linda! Morena, baixinha e aparentando timidez. Tudo o que ele mais apreciava numa mulher, não necessariamente nessa ordem, claro. Os olhos marejados pela tosse olharam implorativos para ela, que devolveu o olhar como quem concede um favor. Sentiu-se muito mal. Queria impressionar, precisava impressionar, mas como? As palavras pareciam lhe escapar antes de chegar à boca e agora a tosse. Era demais!

Lembrou-se de uma piada e achou que poderia "quebrar o gelo". Ela esboçou um sorriso que só fez aumentar o desconforto dele.

Mentalmente implorou por uma inspiração, ao tempo em que ela, agora interessada, olhou seu Rolex e perguntou se era original. Ele respondeu que sim, que esse havia sido um dos primeiros que comprara. Tinha um de cada coleção, era um apaixonado por relógios, especialmente Rolex. A partir daí (ele demorou um pouco a entender como/por que) o papo fluiu e ela chegou a declarar o quanto apreciava homens como ele.

No dia seguinte, embora tivesse prometido, não ligou. Também não atendeu as insistentes ligações, mas mandou um de seus relógios de presente.

IRONIA

Digitava furiosamente!

Sabia que a matéria já deveria estar pronta. Era um daqueles dias que organizar seus pensamentos de forma coerente, suave, fluente, parecia impossível. Se dependesse de pagar por cada uso da tecla "delete" o que ganharia pela matéria talvez não fosse suficiente.

Sentiu que estava num daqueles momentos não-sei-para-que-lado-ir. O melhor que teria a fazer era parar, relaxar e retomar mais tarde. Devido ao atraso (sim, deixara tudo para o último momento, como sempre) só lhe restava escrever, ainda que o resultado não estivesse sendo satisfatório. Pensou nos leitores e questionou se mereciam ler aquela droga: "ridículo, possivelmente ninguém mais lê jornal mesmo e menos ainda essas críticas sem sentido". Talvez fosse o caso de repensar o que gostaria de escrever, o que poderia escrever. Sim, tinha que ter consciência da sua capacidade como escritor, até onde poderia ir, onde gostaria de ir. Provavelmente teria que aprender como chegar lá também, como cativar seu público. Pensou nas tantas críticas que lia diariamente. A maioria não dizia coisa com coisa. E essas eram as mais difíceis de escrever, pois explicar o que não se entende, mostrando saber o que se desconhece, exige palavras elaboradas, no mínimo o suficiente para deixar dúvidas no leitor, confundi-lo. Releu palavra por palavra o que havia escrito e achou uma porcaria.

Então teve uma ideia: digitou várias vezes, em formatos e tamanhos diferentes "sem palavras" preenchendo assim toda a coluna que lhe pertencia. Estava certo que seria demitido. Relaxou. Era esperar a bomba!

A crítica da sua crítica foi unânime: ninguém jamais disse tudo com tão pouco, nem entendeu uma obra como aquela em questão, de forma tão completa.

Agora ele era um sucesso. O entendido dos entendidos. Estava promovido!

LÚCIO

Tinha o olhar triste, de uma tristeza que escorria líquida, lânguida. Quando sorria (o que não era frequente), só sua boca participava, os olhos continuavam ausentes, envoltos na bruma de uma dor indefinida, obscura até para ela.

Eu a observava entre curioso e admirado, ou devo dizer, apaixonado? Não sei. Por muito tempo meus sentimentos foram uma incógnita até para mim. O fato é que eu vivia atormentado por sua presença ou por sua lembrança, estivesse ela ao meu lado ou distante, o sentimento que me devorava não tinha nome ou, possivelmente, eu não o nomeava para não ter que aceitar o que já era inevitável.

Todo o tempo da faculdade foi assim. Ela distante, como se habitasse um mundo onde nenhum de nós (amigos, conhecidos) pudesse entrar e eu sempre alerta, pronto a atender cada desejo seu, ainda que não verbalizado. Eu sabia (ou queria saber/conhecer) cada vontade, cada desejo de Jordana, só para poder satisfazê-la. E me antecipava:

- Queres um lanche?
- Vamos passear na orla?
- Vou buscar um agasalho, você parece com frio.
- Amanhã passo na banca e trago a trilogia que foi lançada, acho que você vai amar.

Não importava o que eu dissesse ou fizesse, ela me olhava e com um arremedo de sorriso parecia concordar com tudo o que eu tivesse para ela. Vez ou outra, uma palavra: obrigada, legal, ok, quero, depois, sempre acompanhada de um olhar sem peso, fugidio, preguiçoso.

Hoje, passados todos esses anos, embora meu sentimento continue o mesmo, já não tenho tanta certeza de que poderemos ser felizes. Sequer tenho certeza se Jordana consegue ser feliz. Não falamos nisso. Existe um acordo tácito e o temos cumprido dia após dia. Pouco a pouco me habituei a meias palavras, alguns olhares e no mais o silêncio. Um silêncio que às vezes parece gritar. E que toma conta de cada espaço vazio que vamos deixando até, me parece, um dia sobrar só ele. E então eu e todo meu sentimento seremos excedentes.

ANA JANETE PEDRI

JORDANA

Às vezes sinto algo tão próximo do tédio, de forma tão constante, que tenho medo de chegar à loucura. Não gosto de ser observada, controlada, vigiada todo o tempo, o tempo todo. Desde que nos conhecemos Lúcio passa as horas me olhando, me admirando. A princípio isso até me enternecia, embora eu não conseguisse (ou não quisesse) demonstrar. Durou pouco, logo percebi que sua obsessão por mim era maior que a minha capacidade de tolerar.

Concordei em morarmos juntos até terminar a faculdade. Éramos amigos (ainda somos!) e combinamos de dividir as despesas. Só isso. Ele concordou. Passaram-se cinco anos, terminamos a faculdade há quase um ano e ainda estou aqui. De quando em quando penso em voltar para o interior, mas a vontade dura pouco. Aliás, todas as minhas vontades não passam de pequenos projetos de desejo. Nada realmente me cativa a ponto de querer de verdade, de lutar. Tenho vivido assim, de acordo com a direção do vento, como diria mamãe.

E Lúcio se aproveita disso. Quer dizer, se por um lado estar aqui é puro tédio, por outro não sei o que mais poderia fazer. Se voltar para Corupá terei, além do tédio, que ouvir toda a vizinhança falando do quão bonita sou, questionando como ainda não casei ou por que, formada, não abro meu próprio consultório. Sem chances! Dúvidas bastam as minhas. Nem penso em querer ouvir as dos outros. Trabalhar, pelas razões mencionadas, não chega sequer a ser uma possibilidade.

Também não posso continuar indefinidamente aqui, dessa forma. Apesar de Lucio trabalhar e ganhar bem, se casássemos, como ele pretende, isso faria de mim uma dona da casa com responsabilidades. Coisa que não me agrada. Hoje, tudo fica por conta da Dorinha. É ela quem cuida da casa, faz a comida e passa, como ninguém, nossas roupas.

Decididamente sou uma pessoa indecisa. Melhor, por enquanto, ficar aqui curtindo esse sol e a água da piscina que está especial hoje.

O CASAMENTO

Julian está tenso. Tem dias que só faz pensar na data que se aproxima, trinta e um de julho, dia do seu casamento. Dia do seu casamento com Mabelle. Eles estão juntos, entre namoro e noivado por sete anos. Já se conheciam antes, desde a pré-adolescência, quando seus pais mudaram para a Vila dos Oficiais, onde Mabelle sempre morou. Foram colegas de brincadeiras, até se reencontrarem na faculdade, ele cursando arquitetura, ela engenharia. Num primeiro momento a alegria de partilharem as horas vagas indo a barzinhos, clubes, praia. Em seguida a surpresa: Mabelle se declarou, estava apaixonada. Queria mais, queria um relacionamento de verdade, a amizade já não lhe satisfazia. Julian aceitou, acreditou mesmo que partilhavam idênticos sentimentos. Viveram felizes, a vida despreocupada de universitários cujos pais podem pagar mensalidades, estadias e tudo o mais que nessa idade se faz tão necessário. Estudavam, namoravam e se divertiam. Cinco anos assim. Ao término era hora de buscar emprego. Combinaram montar um escritório juntos, afinal, suas profissões eram tão afins que poderiam fazer uma bela parceria profissional. E profissionalmente tudo parecia caminhar cem por cento. Por vezes, Julian se pegava sentindo algo estranho, uma vontade de fazer "não sei o que". Como se a relação já não lhe fosse suficiente, como se o amor de Mabelle fosse menos do que o esperado. Agora com a data se aproximando perguntava-se todo o tempo o que lhe faltava, o que o fazia sentir-se assim, com um vazio no peito, um grito apertado na alma. Ele angustiado, ela, aparentemente calma, até distante. Tentou uma conversa que não se alongou, ela preferia falar dos preparativos. Não insistiu. A dúvida, a dor, ou fosse lá o que sentisse, continuava firme. Falou com seus pais que lhe asseguraram ser tudo isso normal, nada mais que a expectativa, a ansiedade da vida a dois que agora se aproximava. Acreditou, por algum tempo. O mal estar, firme, continuava lhe incomodando. Então resolveu que era hora de se despreocupar, o que tivesse que ser, seria. Relaxou. Entrou de cabeça nos preparativos. Sentia-se quase feliz.

ANA JANETE PEDRI

Mabelle, no entanto, parecia distante. Atribuiu ao corre-corre, ao cansaço. Ignorou. Até a véspera do dia trinta e um, quando, entrando no escritório, após o horário, para pegar um material que havia esquecido, escutou sussurros e gemidos. Impossível não reconhecer a voz de Mabelle e de Helena, sua secretária, que juravam amor eterno e comentavam a necessidade do casamento acontecer para satisfação das famílias, do meio social. E também porque, assim, Mabelle poderia engravidar de forma natural do filho que depois ambas cuidariam. Julian bateu na porta e calmamente entrou.

ANA JANETE PEDRI

PERCEPÇÕES

Abri os olhos esperando encontrar qualquer coisa, menos o que se apresentava à minha frente.

Algo tão inusitado que o fato de estar hospitalizado (sim, podia perceber que estava num quarto de hospital) sequer me deixou surpreso. Talvez um pouco confuso, ou intrigado. Sentia que tinha acontecido algo anterior, mas não tinha nenhuma lembrança do que pudesse ser e tudo à minha volta em nada contribuía para aclarar. Tentei chamar alguém, mas aparentemente minha voz não tinha som algum. Olhei ao redor procurando uma campainha ou algo similar, nada encontrei. Ocorreu-me que se, talvez, fechasse os olhos e os reabrisse, o visual seria outro. Talvez eu estivesse simplesmente tendo uma visão, vendo miragens, quem sabe motivadas por uma febre muito alta. Assim fiz, fechei e reabri os olhos algumas vezes. Nada mudou. A visão, algo tão incoerente que me faltam palavras para relatar com total fidelidade, permanecia a mesma. Inalterada. A voz continuava sem som e a porta fechada. O silêncio era total e absoluto. Inclusive um zumbido que havia me acompanhado nos últimos anos não estava ali naquele momento. A esse pensamento senti uma vontade inesperada de rir. Até o zumbido havia fugido, assustado com a cena toda. Estava, literalmente, amarrado à cama. Não bastasse toda a parafernália médica (tubos, máquinas, o próprio soro caindo num ritmo agonizante) percebi que era como se eu fosse duas pessoas, ou dois corpos e o meu eu não estava no corpo deitado na cama. Tentei me levantar, ou melhor, tentei levantar o corpo que estava deitado, mas nada consegui. Pensei que talvez pudesse sair dali, me ausentar, mas sair e deixar meu corpo na cama pareceu-me, no mínimo, indelicado. E senti medo também. Como seria se eu me ausentasse e alguém, alguma coisa, se apossasse dele ou o levasse embora, sem meu consentimento? Pior! Onde o encontraria depois?

Não poderia me ausentar e então fiquei por ali, olhando e olhando aquela visão que me atordoava, me excitava, mas, acima de tudo, me deixava muito, muito surpreso.

Penso que se passaram algumas horas, não tenho certeza. Em algum momento senti sono, muito sono. E depois (quanto tempo não sei precisar) lembro de estar sonhando e achar, no sonho, que estava num local que poderia ser chamado de paraíso, pelo menos para os aficionados por leitura. Embora fosse ao ar livre haviam móveis, mas todos, sem exceção, ou eram feitos de livros ou os continham. Fora os livros, que estavam em toda parte, flores: milhares, centenas de tipos, cores, tamanhos, espécies. O colorido proporcionado chegava a gritar uma alegria que parecia explodir o olhar. Sentia-me extasiado e pensei (ainda no sonho) que deveria acordar, cuidar do meu corpo, cuidar de mim e aí me ocorreu que enquanto visse tantas cores, olhasse para tantos livros estaria bem, estaria cuidando de mim. Sorri. Acordei num quarto branco, normal, do Hospital São José, onde havia acabado de passar por uma cirurgia para a retirada de um tumor benigno próximo à orelha direita.

SENTIMENTO DÚBIO

Prendeu o cabelo num gesto rápido e displicente. Esqueceu de olhar-se no espelho. Alguém, em algum ponto, soltou um gemido. Ouviu choro ao longe, depois alguns gritos histéricos. Pensou em tomar um café preto, comeria no trabalho. Lá teria café com leite, pão quentinho e uma variedade de coisas.

Dona Marta era, sem dúvida, uma boa patroa, ajudava no mercado, vivia lhe dando presentes e, quase diariamente, alguma coisa para levar para casa, fosse a sobra do almoço, fosse alguma roupa dos pequenos que já não servia.

Dona Marta mantinha a casa toda organizada, gostava de cada objeto em seu lugar e cobrava que o serviço fosse sempre de forma impecável. Às vezes cansava, chegava mesmo a irritar de tanto querer limpeza, organização, como se a vida dependesse disso. Mas reconhecia a bondade com que era tratada e o respeito que existia entre ambas.

Olhou para seus próprios meninos, dormindo. Os três juntos deitados em uma cama de solteiro, pernas e braços num emaranhado, entrelaçados.

Sentiu um misto de ternura e raiva. Ternura pelos pequenos, seus! Raiva por pensar na pobreza em que viviam, nas dificuldades constantes, na falta de quase tudo. Um contraste com as casas em que trabalhara, onde via diariamente o luxo, até o esbanjar.

Lembrou mais uma vez a proposta de Leonor e Gabriel. Tudo o que ela precisava fazer era dar o horário certo em que levaria os filhos da patroa ao parquinho e fingir distrair-se por uns instantes. Leonor insistia que isso lhe daria o suficiente para a entrada numa casinha da prefeitura e ainda sobraria para comprar móveis e se virar por algum tempo. Certamente seria demitida, mas não passaria disso. Ninguém desconfiaria. Prometia ainda que nada de mal faria às crianças, que cuidaria delas todo o tempo até devolvê-las, após receberem o valor do resgate. Chegara a propor levarem só a menor. Leonor vinha insistindo há meses. Em algumas ocasiões balançara. Agora, olhando seus pequenos, sentindo essa mistura de sentimentos decidiu que era hora de

ANA JANETE PEDRI

firmar sua posição. Não era certo Leonor continuar assim, em dúvida, e lhe cobrando resposta. Eram amigas desde a infância. Gabriel conhecera na adolescência. Era uma amizade de tanto tempo, mas ela tinha três filhos e se havia alguma coisa que valesse a pena lhes deixar era sua honra, seus valores. Não poderia jamais fazer algo que comprometesse isso, o único verdadeiro alicerce para o futuro deles. Olhou o despertador, cinco horas da manhã. Hora de sair, pegar o metrô e começar mais um dia de trabalho.

SOCIEDADE ILEGAL

João colocou na *baratinha* o último embrulho, uma trouxa com panelas, canecas e alguns panos. A mulher e as duas filhas já estavam acomodadas, dentro do que era possível acomodar num carro tão pequeno e cheio de sacolas, trouxas e gente.

Tentou não deixar nada para trás. Não sabia se um dia poderiam retornar. E se voltassem como encontrariam tudo? Não chorou, apesar do nó que ia apertado no peito e lhe trancava a garganta. Dirigiu a noite toda, ouvindo de quando em quando os soluços de Sofie. Preferiu fazer de conta que não ouvia. Se por um lado o irritavam, por outro, reconhecia que o medo dela tinha razão de ser. Ele também estava com medo, aliás, um medo terrível. Sabia que não era legal o que estivera fazendo, sabia que era só um empregado, mas fora ele quem inventara a máquina. Ainda que a ideia tenha sido do patrão, ele a tornara possível fabricando-a. Além disso, claro, a corda iria arrebentar do lado mais fraco, como costuma acontecer. A visita do compadre Sebastião, na noite anterior, fora direta.

- Afaste-se, vá para bem longe. Carregue os seus. Leve este tanto de dinheiro. Será suficiente para os primeiros tempos até que te ajeites, consigas um novo trabalho. Não volte! Não é seguro! Nosso patrão teme por você.

Não havia margem para dúvidas, esperar para ver. Ainda perguntou pelas barricas, pelas moedas, ao que o compadre respondeu:

- Esqueça isso. Daremos um jeito. O importante é você sumir, desaparecer daqui, antes que seja preso e acabe seus dias na cadeia.

Durante um tempo, quase três anos, ficaram numa cidadezinha de pouco mais de vinte mil habitantes, uma casinha entre a casa paroquial e o cemitério. E a vida se resumia em trabalhar, comer, dormir, mas, acima de tudo, sentir medo. Medo de ser descoberto. Medo de não ver as filhas crescerem, de não poder trabalhar para sustentar sua família. Até que, numa manhã clara de primavera, enquanto tomava o café e preparava seu cigarro,

ANA JANETE PEDRI

ouviu o ranger do portão da frente e um sonoro bom dia, que pareceu ser de voz conhecida. Não conseguiu atinar quem fosse, quem os conhecesse na região ou mesmo quem os procurasse a essa hora da manhã. Sentiu-se paralisado e o olhar de Sofie em nada ajudou.

Na hora do almoço ainda conversava com Sebastião enquanto a mulher preparava-se para a volta. E pensar que tudo o que passaram fora motivado pela ganância de seu chefe e sócio. Não houvera polícia, nem buscas, nem nada. Voltou, e ninguém tocou no assunto. Ninguém falou nada. Tudo parecia igual, exceto que seu ex-sócio estava rico, parecia mal lembrar-se de terem um dia trabalhado juntos. E enquanto João precisava pensar no pão de cada dia o outro tinha já garantido o pão das próximas gerações. Enquanto este construía prédios, João levantava sua casinha. Assim, sem nenhuma explicação, sem nenhuma cobrança, a vida continuou. João sofreu calado, mas nunca esqueceu. A mágoa o matou. E a máquina continua enterrada debaixo do prédio da digna família de empresários, cujo ascendente era um falsário.

2078

Estamos em 2078. Tenho 22 anos e me chamo Lola.

Hoje é um dia especial. Logo mais irei, juntamente com algumas amigas, à Biblioteca Física. Embora tenhamos alguns livros em casa, herança de meus avós e até seja possível comprar um ou outro exemplar impresso no Hipercentro, é lá que ficam guardados, literalmente, a sete chaves, tudo o que foi produzido, lançado em papel. Pois é, havia um tempo em que se imprimiam os livros, em que as pessoas se preocupavam com direitos autorais, lançamentos e outras coisas assim. Minha avó materna conta que a mãe dela chegou a ir a alguns desses eventos, disse que eram interessantes. Talvez numa época que não havia muito entretenimento até fosse. Hoje não teria adesão de ninguém, acho.

Bom, tem anos já que tudo é publicado e guardado nos minúsculos chips que levamos embutido sob a pele. Ou então, no caso das pessoas mais velhas, nos antigos tablets. Não temos por hábito reivindicar autoria, direitos sobre o que divulgamos. Até porque seria difícil saber quem realmente escreveu o quê. Tudo é de todos.

Nem sempre foi assim e embora seja tão jovem sinto certa nostalgia desse passado. Talvez por minha avó contar tantas histórias ouvidas da mãe dela. De certa forma é como se tivesse vivido esse tempo longínquo.

Estudamos outro dia, no nosso grupo, alguns escritores e poetas do início do século. Num arquivo só de escritores daquela época li a obra de uma poeta que minha avó conheceu. Disse-me que a tal poeta, já bem velhinha, avessa a muito burburinho, não se intitulava poeta, dizia-se uma "escrevinhadora" de sentimentos. Disse que ela tinha hábitos estranhos e parecia estar sempre sorrindo internamente. Gostava de falar, mas com frequência se abstraía do grupo e parecia entrar em si mesma, isso tudo me deixou ainda mais curiosa.

Li seus poemas, seus contos, suas crônicas. Agora irei conhecer seus livros, folheá-los, tudo parecendo um sonho. Uma viagem ao passado!

ANA JANETE PEDRI

Teremos cada um poucos minutos para segurar, manusear os livros. Usaremos luvas e será em um ambiente esterilizado, tudo como deve ser para que esse material seja preservado para as gerações futuras. Já decidi: quero ler, no papel, meu poema preferido "PENSANDO", que está na página 28 do livro Amores Delicados!

ANA JANETE PEDRI

VINTE E QUATRO HORAS

GIL SALOMON

*Deus ao mar o perigo
e o abismo deu, mas
nele é que espelhou o céu.*
Fernando Pessoa

Gil Salomon, adolescente sessentão, há quase quarenta anos na área gráfica e nas horas de folga escritor, poeta e compositor. Publicou Catarse (poemas), Rota de Fuga (contos), Impossíveis Amores Possíveis (poemas) e ainda vários livros como coautor. Mora em Schroeder com a família e seus cãopanheiros.

Contato: gilsalomon2000@yahoo.com.br

HORA PRIMEIRA...00:00...01:00

Rubra rosa
Sangue
Espinhos ferindo os pés...

Kiribati! Sempre sonhou que algum dia veria o ano novo chegar por lá. Imaginava que deveria ser assim meio mágico poder estar onde tudo começa. Queria ser a primeira a entrar em algum ano especial, diferente, mas para sua tristeza acabara de ouvir na televisão que o arquipélago corre o risco de submergir devido ao aquecimento global, o que quer que seja isso. Aqui sim estava um calor do inferno e o condicionador resolveu pifar bem na virada do ano. Oh vida, gemeu enquanto procurava uma posição mais confortável. A cada ano fica mais difícil acomodar os quase cento e quarenta quilos no sofá em frente à televisão. Tantos e tão diversos regimes já haviam sido tentados para constatar, ano após ano, que só repetia aquilo para de alguma forma se justificar. Justificar o que e para quem? Para os duzentos e setenta e cinco amigos do facebook? Melhor não pensar muito nisso - concluiu pegando mais um cacho de uvas e olhando para os clarões na cortina, logo seguidos dos estrondos dos foguetes. Mania de brasileiro copiar tudo o que os chineses inventam - comentou para o que restava do cacho de uvas - tivessem se contentado só na parte colorida e silenciosa dos fogos, tudo bem, tudo ótimo. Mas a turma dos andares de baixo quer barulho, explosões. Ela, dentro do possível, se encolhia junto ao fundo do sofá, trêmula, sentindo-se como uma cachorrinha esquecida sozinha no canil. Sempre odiou aqueles festejos cheios de superstições segundo sua visão de mundo. Não suportava mais o espocar das rolhas, nem as bolhas subindo nas taças, porém, ultimamente começou a sentir uma estranha sensação de solidão e faria qualquer coisa para ter com quem conversar. Enquanto as uvas seguiam seu destino rumo aos lábios dela os olhos vasculhavam o facebook. Lançara uma brincadeira, fez um convite aos seus amigos para que a visitassem na virada do ano ou então lhe enviassem uma dúzia de rosas relembrando assim dos tempos em que se conheciam e conviviam. A reportagem sobre Kiribati continuava na televisão. Agora, por exemplo, já sabia que os kiribatis falam o gilbertês. Não entendeu bem a explicação sobre o porquê do nome da língua, mas tudo bem, pesquisaria no google mais tarde. Os foguetes deram uma trégua. Restavam ainda uns poucos, cada vez mais longe. O prédio silenciou e pode assim ouvir, sete andares abaixo, uma picape frear e parar em frente à portaria. Sentiu uma leve vibração quando o elevador começou a subir. Pôs-se a imaginar em que andar pararia ou quem estaria chegando nessa primeira hora do ano novo, e coisas do gênero. Surpreendeu-se ao perceber que o elevador parou no seu andar. Barulho de porta se abrindo, de rodas, como de um carrinho desses de levar comida em hotéis e hospitais. Ficou trêmula ao ouvir o som do carrinho parar em frente a sua porta. O coração disparou frenético ao ouvir a campainha. Há mais de trinta anos aquela campainha não tocava em noites ou madrugadas de ano novo. Algo devia estar errado. A mais um toque da campainha ela reage com um "já vou". Lentamente vai virando o corpo posicionando-se para pegar a bengala que a ajuda a manter o já precário equilíbrio. Após várias e sofridas tentativas consegue se por de pé. Dá um primeiro passo em direção ao corredor e à porta quando, mais uma vez, ouve o estridente som da campainha, já não fala nada. Com a respiração ofegante vai, passo a passo, se aproximando da porta. Já não tocam a campainha e ela pensa que devem ter ido embora, mas já que veio até aqui não custa olhar. Solta, pacientemente, os cadeados das três correntes. Vira a chave duas vezes e abrindo a porta não acredita no que vê. Dúzias de rosas dispostas frente à sua porta com um único e vistoso cartão dizendo: "uma homenagem a rosa das rosas". Nem uma palavra a mais, nenhuma assinatura, apenas as cores e a força do perfume. Começa a dispô-las no corredor até formar um tapete e descalça caminha sobre rosas e espinhos colorindo com gotas do próprio sangue as rosas brancas. Cada vez mais ofegante, após dispor a última rosa, porém, sem conseguir fechar a porta cai e, após um último e profundo aspirar de todo o perfume que a cerca, solta suave seu último suspiro...

HORA SEGUNDA...01:00...02:00

Jamais saber
Entrever
Talvez...

L'Oiseau de feu, ou, em bom português, Pássaro de Fogo, de Stravinsky, reproduzia-se nos alto-falantes espalhados pelas paredes. Ele estava deitado no chão da sala sobre um tapete de yoga, olhos semicerrados, respiração lenta e compassada. Imaginou, em suave sonolência, os ouvidos como catedrais vazias, amplas e, ocupando seus espaços, o voo orquestral de pássaros de fogo. Tudo é tão insignificante perante o permitir-se viajar pelas notas musicais de um sonho. A magia do momento solitário, no centro da sala, no centro do mundo é impagável. Todos deveríamos nos desligar do agito das horas que só escravizam para, por alguns minutos, sermos apenas nós, se possível, mergulhados em alguma melodia. Pensando e filosofando sobre essas e outras questões, todas ligadas à real percepção da beleza, nem percebeu o leve agito das cortinas, anormal para uma madrugada abafada, sem a mais leve brisa. Coçou a orelha esquerda com um movimento involuntário, mas não perdeu tempo dando atenção ao fato, apenas realinhou o corpo no tapete, a cabeça em direção ao oriente e os pés para o ocidente. Percebeu, até com certa estranheza, que Stravinsky conseguia deixar melódicos até os silêncios, as pausas. Foi num desses silenciosos intervalos que percebeu, com estranheza, uma leve, porém, forte presença. Estou só, pensou, deve ser o espumante que tomei na virada querendo brincar com minha imaginação. Abriu os olhos e percorreu o aposento com a precisão de um scanner. Tudo estava em seus devidos lugares. O único ser móvel da sala era ele mesmo, pois mudava de posição no tapete por livre escolha. Por uns breves segundos ele riu com as curiosidades linguísticas, coisas como chamar o sofá e a mesa de móveis, quando estão presos ao chão pelo próprio peso ou vestir as calças e calçar os sapatos. Distraído pelas estranhas e terrivelmente belas variações da música e também pelas divagações dos seus pensamentos, que agora corriam soltos, indomáveis, como cabritos monteses, indiferentes aos perigos do mal pensar, do simplesmente se deixar levar. Mais uma vez teve a sensação de algo o tocando, talvez um pernilongo invisível, um mosquito da dengue, provavelmente do matagal da sacada do apartamento da frente. Fez esforço para sentar, inutilmente. Percebeu então a rigidez de todos os membros do seu corpo, apenas os olhos ainda se moviam lentamente. Moveu-os em direção ao cortinado da janela e percebeu um pedaço de lua passando, indiferente à sua letargia. Fechou novamente os olhos e, respirando lentamente, afundou numa espécie de sono, um apagar das memórias. Minutos depois eles começaram a se mover em volta dele, agora já completamente imóvel. Já que a missão fora concluída resolveram sair. As cortinas novamente se mexeram no ar imóvel da madrugada.

HORA TERCEIRA...02:00...03:00

Lâmina afiada
Pontes cortadas
Sobram reflexos...

As garrafas, todas vazias, espalhavam-se ao seu redor. Vasculhou, pela enésima vez, a velha mochila que o acompanhava desde sempre, ou ao menos até onde a memória ainda conseguia regredir, e nada, nada mais restava além das roupas que usava e um pedaço da velha toalha que ainda tinha serventia para tirar o pó e o suor dos olhos. Já não se lembrava de onde viera nem para onde iria, caso conseguisse se erguer, mas mantinha os olhos abertos e fixos no clarão longínquo da cidade, que até agora há pouco estava envolta no colorido balé das luzes dos fogos. Os fogos, de alguma forma, desencavaram, por breves segundos, memórias há muito esquecidas: infância, sonhos, mulheres, filhos, flashes confusos de momentos que já não sabia se seus ou de outras pessoas. Procurou, mais uma vez, lembrar seu nome, mas já não havia nome a ser lembrado. Perdera sua identidade, há muito tempo, em alguma dessas estranhas esquinas que a vida nos leva a cruzar. Quando percebemos somos apenas um velho e cansado corpo querendo se apagar. Foi se acomodando contra a pedra e não conseguiu fechar as secas pálpebras. Sentiu uma última brisa nos cílios e nos ouvidos, uma voz, talvez uma lembrança dizendo "do pó tu vieste e a ele retornarás...".

HORA QUARTA...03:00...04:00

Sem estrelas
Não há oriente
Há só a gente...

Olhou para o relógio. Já deveriam estar aqui, disse para seus botões, todos abertos. A camisa branca, suada e por fora das calças dão uma imagem do estado em que se encontrava. A ideia de jantarem já quase na virada do ano e, mais tarde, de saírem para aquele passeio maluco fora de sua mulher. Por ele teriam ficado todos ali mesmo bebericando algo e esperando o raiar da aurora do primeiro dia do ano, mas foi voto vencido. Gostava, sempre que possível, de voltar ao velho sítio da família. Fora do seu bisavô e continuou na família até chegar a ele. Logo teria que passá-lo adiante, pois os anos o levavam cada vez mais para perto daquele estado em que não passamos de elemento histórico, referência, assim como datas e outras coisas. Pensando nisso foi arrastando uma velha cadeira para o meio da estrada com uma mão enquanto na outra levava um vinho espumante, quase cheio. Sentado na cadeira de palha pôs-se a tomar o vinho diretamente da garrafa. Era observado do outro lado da cerca por um velho cavalo, um tordilho negro com quase tantas histórias para lembrar quanto ele. Nesse momento, ou melhor, nessa madrugada, estavam a se observar, esquecidos pelos demais. Os cavalos que puxaram o trole que levou o resto da família ao passeio na madrugada eram bem mais jovens, mas também crias da família. De gole em gole tomava o vinho derramando uma generosa quantia por sobre o peito nu e a barriga. Ao erguer a garrafa para um último gole sua mão tremeu e ela, em câmera lenta aos seus olhos, dançou no ar e se espatifou no chão de barro criando um belo caleidoscópio com o reflexo das estrelas e da lua. Na curva à frente, a galope, aproximavam-se trole e cavalos. Na freada brusca dos cavalos ouviram-se gritos assustados de alguns. Depois o silêncio perante a cena da cadeira vazia de vida...

HORA QUINTA...04:00...05:00

Nada te prende
Flutuas
Sobre o sonho dos dias
E sobre as noites de tormentas...

O despertador o acordou. O coração disparado como se tivesse levado um susto, achou estranho, pois não se lembrava de susto algum. Dormiu mal sim, mas também com o foguetório que fazem todo ano ninguém dorme mesmo. Tropeçou como de costume, nos chinelos e olhando para o outro lado da cama percebeu que sua mulher nem se mexeu, sinal de que não acordara. Ainda bem, pensou, caso acordasse começaria a mesma ladainha de sempre. Por que não arruma um emprego normal como os outros homens? Nunca entendeu o que queria dizer com o "como os outros homens", esperava que fosse apenas pelo fato de não trabalhar no horário normal. Como deixar de ganhar o adicional noturno com as despesas cada vez maiores? Colocou água para fazer o café e foi direto ao banheiro. Lavou o rosto na água fresca, ao se ver no espelho percebeu que suas olheiras tiveram um belo acréscimo nas últimas horas. Quase soltou um palavrão, mas respeitando o fato de sua mulher ser assim, meio crente, engoliu a vontade de xingar e colocou, lentamente, pasta dental na escova. Escovando os dentes procurou escovar da memória mais uma noite mal dormida, mal resolvida. Vestiu o uniforme da empresa e lembrou que muitos dos seus amigos só o colocavam no local de trabalho, mas ele não ligava, ou melhor, já não ligava mais para essas frescuras, esse querer esconder a realidade. Voltou à cozinha já em "traje de guerra" e fez café colocando-o na garrafa térmica, pois assim sua mulher já o teria pronto ao acordar. Pequenas gentilezas que passavam despercebidas. Uma fatia de pão e uma xícara de café tomado e estava pronto para sair. Pegou o boné e a mochila e saiu. Trancou a porta e já no meio da rua lembrou que não dera um tchau para a mulher. Talvez ainda tenha ouvido a tentativa de frear do motorista do ônibus, mas certamente não ouviu o palavrão do mesmo ao perceber que passara por cima do distraído.

HORA SEXTA...05:00...06:00

Medo do que?
Do amanhã que não há?...

O dia começando a clarear. No horizonte mil tons de cores que poucos viam, pois apenas aqueles madrugadores ou os que não dormem nunca presenciam o espetáculo. Tudo muda de tom com rapidez. As águas parecem se recolher ao fundo do oceano encantadas pela beleza do momento. Mais um pouco e o sol surgirá, majestoso, para outro dos seus muitos dias. Na areia virgem apenas as marcas dos seus pés descalços. Os humanos pés deixando rastros por onde passam. Rastros que não tem consciência do estrago que fazem com sua passagem. Os rastros de hoje eram de um jovem sarado, em linguagem atual, de um corpo fruto de academias, vitaminado e trabalhado segundo os padrões atuais de beleza. Nos ouvidos fones de última geração que o anestesiavam com musiquinhas comerciais, sem nada a dizer, apenas deixando-o surdo para o que o cerca, o mar imenso e misterioso, por exemplo. Na mão esquerda o aparelho conectado ao WhatsApp e a mão direita sempre pronta a digitar algo em resposta a alguém, tão desligado da realidade quanto ele. Não percebeu que as ondas, que há pouco lambiam seus pés, estavam a centenas de metros. Peixes desavisados debatiam-se na areia, não acostumados ao rarefeito ar que os cercava. O jovem caminhante parou, por um momento, e encarou a estranha paisagem que o cercava, mas talvez não tenha tomado consciência da gigantesca onda que se formava e o cobriria, instantes depois. Era apenas mais um elemento estranho no caminho das águas...

HORA SÉTIMA...06:00...07:00

Loucura
Sair da segura caverna
Para o frio mundo da realidade...

Baratas e todos os insetos pegajosos e rastejantes imagináveis povoavam seu quarto. Os medos amplificados em pavorosas visões. Não apenas visões, mas também sensações tácteis, pois sentia na pele, por todo o corpo, milhares de minúsculas patinhas. De olhos ainda bem fechados entregava-se aos pavores ancestrais com um secreto prazer. Sabia que, pelo andar das horas, o sol já entrava no quarto e que bastaria abrir os olhos para que tudo ficasse limpo novamente. Abrindo os olhos perceberia que as cortinas continuam lá exibindo suas brancas rendas. Veria também o vaso de cristal com rosas, o espelho oval que tomava boa parte da parede oposta à janela e também a reprodução, quase fiel, do quadro "Os Girassóis", de Vincent van Gogh. Ela, porém, se entregava sempre mais a estranhos e ancestrais medos e abrir os olhos para a luz a deixava desconfortável sentindo-se ofuscada e quase cega. Preferia, portanto, a certeza e o enclausuramento dos seus medos, seus mais secretos pavores. Por mais dolorosa que fosse essa transição entre o mundo dos seus sonhos ou pesadelos e o outro mundo, aquele no qual ela vivia e se movia, chegava um momento, um tormentoso momento em que era forçada a abrir os olhos e encarar a realidade, ou o que quer que fosse essa loucura a que se sentia forçada a viver. Respirou fundo, esticou braços e pernas, como a livrá-las de todas as pragas da sua imaginação e então abriu os olhos. Piscou até acostumá-los à luz do dia. Olhou para o tapete fazendo uma careta ao ver os restos da noitada: copos, pratos, guardanapos amassados e algumas garrafas de Cabernet Sauvignon. Sentindo a tontura normal de uma ressaca levantou-se e procurou pelos chinelos. Tropeçou numa garrafa chilena, safra 2005. Desequilibrou-se. Bateu com a cabeça na quina da mesinha dos telefones e foi ao chão. Silêncio no quarto. Ao lado da cabeça formou-se um filete de sangue sobre uma folha de papel com os dizeres: "emergência ligue 193".

HORA OITAVA...07:00...08:00

Momentos devem ser novos
Querer repeti-los
É morrer mais cedo...

O velhinho passou correndo novamente. Totó corria ao seu lado, língua quase arrastando, porém, firme. Quase vinte anos correndo diariamente ao lado do velhinho, sempre o mesmo caminho, morro acima até contorná-lo e chegar ao paredão de pedras que separava o morro do mar. O paredão tinha uma altura respeitável, em torno de cem metros de pura rocha que acabavam lá embaixo, em pleno oceano. Fazia uns dez anos ou mais que a Nona vivia pedindo para ele parar com essas caminhadas perigosas, pois podia muito bem andar com ela, ir à feira, ao armazém, visitar alguns amigos, sossegar. Sossego era palavrão para o velhinho e quanto mais pedia que evitasse andar sozinho por aí, por aquelas trilhas perigosas, mais ele se motivava para descobrir novas trilhas, com novos obstáculos. Que graça teria a vida se entregando simplesmente ao que os outros queriam que fizesse. Clube dos idosos, alegre vida, tudo conversa prá boi dormir dizia prá Nona quando ela vinha com essas conversas de idade, cuidados. E ela ainda rogava algumas pragas, coisas como "algum dia esse cachorrinho ainda vai voltar sozinho". Ficava meio ranzinza, mas só por alguns minutos, pois era só chegar mais um dia que chamava o Totó e iniciava sua jornada, sua viagem. Hoje não foi diferente, chamou seu cãopanheiro, colocou o sapato de caminhada, pegou o cajado, exigência da Nona, colocou-o nos ombros e saiu correndo. Depois de uma noite quente e abafada o ar da manhã refrescava seus pulmões, o perfume das flores do verão subtropical deixaram-no como que embriagado. Tudo estava extremamente colorido, como naquelas viagens loucas dos anos passados. Havia música em tudo, na brisa que acariciava as folhas e no longínquo barulho das ondas. O velhinho chegou ao topo do paredão e abriu os braços. Abraçou o céu, sorriu e se atirou ainda de braços abertos em direção ao mar. Hoje Totó, seu cachorro, voltou sozinho. A Nona, ao vê-lo, apenas comentou "eu falei, bem que avisei...".

GIL SALOMON

HORA NONA...08:00...09:00

A pétala que cai levada pelo vento
Transforma por instantes
Em borboleta a flor que morre...

Ouvia Piece of My Heart, da Janis Joplin, no volume máximo que o aparelho de som permitia. Rebolava levemente os quadris, algo instintivo, ele nem percebia. Dos olhos manchados de rímel desciam lágrimas. Dois pequenos diamantes, de vida efêmera, descendo pela pele ainda macia, sem marcas, de um quase adolescente. Acabara de passar cera no assoalho de tábuas e agora esfregava deixando-o espelhado. Sempre foi fascinado por tudo o que brilha e talvez essa seja a causa da sua obsessão em passar panos em tudo, em esfregar, em dar brilho. Hoje, mais do que nunca, se pudesse, passaria um pano no mundo, procurando assim talvez dar um pouco mais de brilho à sua própria vida. Levantou cedo e começou a limpeza, uma frenética esfregação tentando, quem sabe, apagar as últimas horas do ano que foi e as primeiras do novo. A pensão estava sinistramente vazia, ninguém quis passar a virada de ano na cidade, sobrara apenas ele, solitário e apavorado. Limpara tudo, mas ainda não tivera coragem de tocar na estranha arma deixada sobre a mesa. Parou o que fazia e acendeu um baseado. Embarcou na fumaça azul tentando lembrar quem o presenteara com a arma. Talvez seu pai, a mãe, o padre, a professora ou algum namorado. Tantos e durante tanto tempo lhe dizendo que não sabia amar, ou que amava da maneira errada. Hoje já não sabia o que significava amar. Sentia-se como alguém à margem da maldita normalidade. Ainda temeroso de tocar a fria arma encostou, levemente, um dedo, depois outro. Quando se deu conta que estava com a arma na mão, ainda trêmulo, viu naquele instante a arma como solução. Não entendia ainda o que solucionaria, mas ela se insinuava sedutora. A mão brincou e acariciou a arma como se brinquedo fosse. Fez poses, primeiro numa orelha, depois noutra, depois na boca e por último na testa. Então o clarão. Não houve estrondo, pois já não havia quem o ouvisse.

HORA DÉCIMA...09:00...10:00

Embriagada
Morre a mariposa
Sedenta de luz...

Estava já na terceira ou quarta cerveja, o dia mal começara. Pela janela aberta podia ver e ouvir a mulher na mais animada das conversas com aquele guardinha noturno, amigo de trabalho, lá do prédio onde é faxineira. O sangue lhe subia à cabeça quando pensava nessa amizade e até alguns amigos insinuavam certas coisas sobre sua mulher e o tal guardinha que, convenhamos, não tinha nada de guardinha. Com seus quase dois metros de altura e aquele porte de Schwarzenegger do subúrbio era uma figura respeitável, ainda mais se comparado aos seus um metro e sessenta e sete e pesando sessenta e cinco quilos. Melhor e mais sensato beber calado. Tivera já suas chances de dar uma escapadinha, pular a cerca no popular, mas nunca se atrevera a tanto. Fora algumas pequenas e passageiras paixões e as fantasias normais de qualquer homem, jamais consumara nada. Era, achava ele, o último dos maridos fiéis, discordando de alguns amigos que brincavam dizendo que ele fazia o tipo corno São Tomé, que só acredita vendo. Nos últimos dias, talvez devido ao excesso de férias, feriados, festejos e tudo o mais, suas suspeitas se confirmavam. Parecia que já nem faziam questão de esconder, pois lá fora estavam eles, debaixo do sombreiro, indiferentes aos olhares da vizinhança. Após pegar mais uma garrafa na geladeira voltou a cadeira e já não os viu debaixo da árvore. Encheu o copo e olhou, curioso, pela janela. Não os vendo ergueu o copo para apreciar a cor da cerveja. Viu então o reflexo da lâmina se aproximando do pescoço. Não teve tempo de tomar o último gole. O copo foi tomado de sua mão. Sentiu e viu um rio vermelho descendo pela camiseta branca. Antes de se entregar ao vazio ainda ouviu, na vizinhança, alguém se deliciando com Cartola "bate outra vez"... Seu coração, porém, já não batia...

HORA DÉCIMA PRIMEIRA... 10:00... 11:00

As folhas de outono
Prometem primaveras e não invernos
Se tivermos flores na cabeça...

O velho e curvado padre segurava trêmulo a bengala de madeira, já gasta, e olhava com olhos míopes e cansados para os trezentos e sessenta e cinco degraus da Igreja da Penha. Ainda menino prometera que não morreria sem subir degrau por degrau a escadaria. A vida o levou para tantos lugares e nunca lhe sobrou tempo para subir a escada do seu sonho de infância. Agora, com oitenta e oito anos, finalmente ela estava aqui, na sua frente, os degraus gastos por séculos de devotos subindo e descendo. As pessoas à sua volta certamente estranharam aquele velho senhor, dentro de uma batina marrom, daquelas que a maioria dos que o cercavam só vira em filmes de época, e ainda suportando um calor de quase quarenta graus. Uma senhora lhe ofereceu água, que aceitou, bebeu, agradeceu e começou, passo a passo, a enfrentar os degraus. No primeiro degrau sentiu seus passos na infância, no degrau seguinte já era quase adulto, e assim, degrau por degrau, foi revisitando a vida, como se folheasse um velho álbum de fotos. As pessoas passavam por ele em fluxos como a água que se divide para contornar uma pedra, mas une-se novamente logo adiante. Já não o viam. Nem perceberam quando se curvou e deitou sobre os degraus. Alguns até comentaram sobre a estranha "instalação" que a igreja fizera ali na escadaria. Tudo é marketing disse um jovem meio nerd. O ator que faz o papel de estátua deve ser bem pago, falou outro. Indiferente, ou melhor, surdo aos gracejos e opiniões dos demais devotos o velho e curvado padre seguia subindo, mesmo tendo deixado o cansado e já inútil corpo para trás. Entrou na Igreja e acomodou-se junto ao simples e despojado altar principal. Sentiu muito sono. Sonhou que era um menino subindo a escadaria da Penha...

HORA DÉCIMA SEGUNDA... 11:00... 12:00

Imprevisto é tudo aquilo
Para o qual não estamos preparados
Ou seja – quase tudo...

O pequeno barco estava cada vez mais próximo da costa. Nada mais funcionava. Vinha ao sabor das correntes e das ondas. Já não lembravam há quantos dias estavam assim à deriva. Haviam alugado o barco logo após o Natal e saíram em quinze, onze amigos e quatro tripulantes. Como o dia estava completamente calmo, o mar um espelho verde azulado, os tripulantes resolveram, entre uma ilha e outra, entrar um pouco mais no oceano. Cerca de quarenta minutos depois, quando já manobravam para retornar ao roteiro das ilhas, o motor falhou. Os tripulantes pediram um tempo para consertar o que fosse necessário para então retomar o passeio. O mar é como uma mulher caprichosa, cheio de artimanhas, pois passados não mais do que quinze minutos começou a ventar. O que antes era suave brisa agora açoitava o barco deixando todos apreensivos. Os dois desceram com a intenção de pegar os coletes salva-vidas e as boias, mas mal desceram e já ouviram o estrondo e a impressão de que o barco estava indo ao fundo tanta foi a água que caiu sobre eles. Mais alguns solavancos, como se o barco estivesse numa corredeira, e tudo silenciou. Pegaram o máximo de salva-vidas que cada um conseguiu carregar e subiram. Estranharam não ver ninguém. Largaram tudo. Olharam em todas as direções. Nada além do mesmo mar verde azulado de antes, imenso e vazio. Começou a longa espera, principalmente a travessia pelos seus próprios temores e monstros. Sobreviveram graças a algumas latas de sardinha e dois galões de água mineral. Agora davam graças, pulavam de alegria, se abraçavam e voltavam a olhar para a terra firme parecendo tão perto. O fim do pesadelo ao toque do olhar. Sentiram novamente aquela brisa morna, suave, feminina, prenunciando tormentas. Perceberam também que o barco se movia não em direção à terra, mas de volta ao oceano. Os olhos dos dois se procuraram e então, num forte e último abraço, atiraram-se ao mar. Já na água perceberam que agora não havia nem barco, nem terra. Delirantes e com a água explodindo seus pulmões procuraram um pelo outro. Provavelmente se buscarão eternidade afora...

HORA DÉCIMA TERCEIRA... 12:00... 13:00

O pensamento tem ecos na voz
A sabedoria prefere o silêncio...

Sentia-se bastante sonolento deitado sobre a carroça debaixo do telheiro emendado ao rancho. Fora da sombra devia passar dos quarenta graus. Os olhos fixos nos desenhos das telhas e nas bandeirinhas, típicas de festa junina, meio fora de época num primeiro de janeiro. Não lembra há quantas festas juninas já estão penduradas, desbotadas e marcadas por excrementos de mosca. Para combater a sonolência resolveu enrolar um palheiro. Puxou uma palha de milho, autêntica, com corte industrial, pronta para ser enrolada e a encheu com um fumo que tirou de uma embalagem plástica. Os tempos do canivete e do fumo em rolo já eram coisa do passado, mas parece que faz tão pouco tempo que seu pai ainda andava com seus apetrechos por aí. Sobrava tempo naqueles idos tempos e seu pai, lembrava bem, procurava uma sombra e, calmamente, cortava seu fumo. Seus olhos olhavam além de tudo. Enrolava o palheiro. Acendia e, num pequeno momento de êxtase, puxava e depois soltava a perfumada fumaça no ar. Ele já não via tanta poesia em acender o palheiro. Fazia-o automaticamente, instintivamente, se isso é possível. De tão entediado que estava naquele feriado ainda nem percebera que, apesar de todo o calor, os hibiscos estavam exuberantes, vermelhos, atraindo insetos, borboletas e pássaros para dispor de seu néctar. Após o almoço permitiu-se beber umas latinhas de cerveja, pois estava já desde cedo sendo uma espécie de babá, cuidando da filhinha do sobrinho do patrão, único a passar com a mulher e a filha a noite de ano novo com ele. Não bebeu nada, pois o patrão o deixou responsável por sua mais nova paixão, um boi Guzerá. Animal imponente, pelagem cinza, cabeça alta e chifres em forma de lira. A beleza do porte e dos chifres não correspondia com a real ferocidade do animal. O boi era o único habitante do sítio, além dele e dos empregados que trabalhavam durante a semana. Hoje estava só ele com as visitas e o boi. Ouviu, de repente, ao longe, gritos angustiados de criança. Levantou com tal brusquidão que o palheiro desmanchou de encontro à camisa espalhando fumo pelas roupas. Olhando na direção dos gritos viu a menina correndo a poucos metros do boi. Sem pensar muito pulou a cerca a correu em direção ao animal e, como um toureiro louco, tirou sua camisa, que era azul, mas usou-a como se vermelha fosse gritando e gesticulando em direção ao Guzerá. Tão fixo estava seu olhar nos olhos do boi que não percebeu que a menina já passara por baixo da cerca e corria para os gordos braços do pai. Continuou correndo em direção aos chifres em forma de lira e, como um toureiro louco, atirou-se contra o animal. A menina arregalou os olhos quando viu o boi desfilando pelo pasto levando nos chifres o corpo inerte do toureiro...

HORA DÉCIMA QUARTA... 13:00... 14:00

Medo do primeiro grito
Do primeiro passo
Do primeiro delito...

No piano elétrico, recém-adquirido da Alemanha, os dedos obedeciam ao que os olhos liam. Interpretavam o concerto número um para piano e orquestra de Beethoven. Enquanto dedilhava com maestria lembrou-se de um concerto que assistira no Femusc onde o pianista Ricardo Castro fez uma interpretação magistral do concerto número um. A lembrança desse concerto foi o que o levou a realmente se empenhar nos estudos buscando um aprimoramento, não apenas técnico, mas também pessoal, um refinamento no sentir as coisas, no viver profundamente o agora, sentir cada nota. Seus dedos dançavam sobre as teclas arrancando notas que faziam sua mente dançar como um Derviche rodopiando em torno do sol dos seus sonhos. O centro dos seus sonhos, ou o sol, como ele o denominava, era tocar sempre mais, o tanto que a vida lhe permitisse. A música, ele percebia, era a única e verdadeira linguagem universal, pois conseguia reunir, num mesmo concerto, as mais díspares culturas em interpretações que tocam profundamente quem participa disso, seja como instrumentista, seja como ouvinte. Sentia que havia certo mistério na música, pois algumas delas como que nos lapidam, pensava ele observando a si mesmo. Entrava um no concerto, saía outro. Percebeu, nesse instante, um leve piscar da luz e oscilações nas notas do piano. Segundos depois veio o silêncio. Os dedos tocavam, mas só a imaginação ouvia, pois o resto era possuído pelo silêncio. Levantou e, descalço, seguiu a fiação que ligava o piano à rede elétrica. Tudo fora improvisado. Faltara-lhe a paciência de procurar um instalador e, como não sobravam tomadas, improvisou com uma extensão, cheia de emendas. Estava cem por cento empenhado nos estudos e nas reflexões musicais e completamente desleixado na vida prática. Pisou no chão úmido do banheiro e, com um pé em cima da extensão, encostou a mão na tomada. Percebeu apenas um intenso calor e o clarão. Depois, apenas o silêncio...

HORA DÉCIMA QUINTA... 14:00... 15:00

Ao corpo peixe e pão
Para a alma sonho e ilusão...

Colocou a mochila, com as roupas e alguns livros, atrás de uma moita, debaixo da jabuticabeira que havia ao lado do portão. Como ninguém estava olhando achariam que pegou o ônibus para ir à casa da avó, como sua mãe mandara. Atravessou a rua e entrou num caminho de roça que descia em direção ao rio. O sol estava escaldante. Ajeitou o boné e os óculos de sol e caminhou rente à valeta, que um dia já fora um riacho, porém, há muito tempo deram-lhe uma direção mais reta e as antigas curvas foram aterradas e usadas para as plantações. Ainda cedo, hoje, descera até lá deixando prontos os anzóis e as iscas para uma pescaria. Precisava muito de um meio-dia de folga e sabia que, levando alguns peixes, sua mãe não seria tão severa ao descobrir que desobedecera as suas ordens e que a avó ficou sozinha no ano novo. No interiorzão, como diziam os colegas de escola, onde morava não pegava celular, nem internet, e ele estava cansado de ver os amigos sempre conectados a tudo, de facebook a WhatsApp enquanto ele estava conectado apenas a si mesmo. Hoje, pensou enquanto abria a camisa e expunha o peito ao sol, não quero gramáticas nem matemática, quero ser apenas o terror de alguns bagres e carás. Chegou em frente ao ranchinho construído por algum dos seus avós, não lembrava qual e abriu a porta, pegou seus apetrechos de pesca, dirigindo-se em direção ao rio que, falando a verdade, parecia mais um riacho se comparado ao que já fora em outros tempos. Parou próximo ao barranco da margem do rio e, olhando para um lado e para o outro, escolheu um lugar para sentar e começar a pescaria. Abriu caminho entre algumas moitas de capim elefante e, quando ia colocar os anzóis e iscas no chão, sentiu a terra escapar sob os pés. Depois a queda, a água, a escuridão...

HORA DÉCIMA SEXTA... 15:00... 16:00

Rios de suor
Escavaram sulcos no rosto
Hoje deserto...

Prendeu as duas latas ao pedaço de galho de aroeira-do-campo que, certamente, tinha já bem mais de sessenta anos junto à sua família e dirigiu-se até a porta. Seus olhos piscaram com a claridade que contrastava com a penumbra do interior da casa de pedra. A casa já fora imponente em outra época quando todas as janelas tinham vidraças e deixavam a luz entrar pelos aposentos. Com o tempo os vidros foram quebrando e sendo substituídos por tábuas. Restava hoje um único retângulo de vidro numa das janelas do que um dia fora a sala da família. Lembra, nem faz tanto tempo, e isso aqui eram só pastagens. O gado era farto. A carne era farta e havia água por todos os cantos. Então, sem avisar, a terra começou a secar. Em vez de nuvens de chuva vinham nuvens de areia. Quem, na vizinhança, ainda conseguiu vender teve sorte, achava ele, mas depois de um tempo ninguém comprava terra alguma naquelas bandas. Percebeu, certo dia, que restavam por lá apenas ele e a irmã mais velha, com seus noventa e dois anos. Ela, já há bastante tempo, não tinha mais noção de idades ou qualquer coisa. Apenas vivia, respirava e olhava em volta. Quando percebia a claridade da janela aberta contraía o rosto num quase sorriso. Ele, nos seus setenta e nove anos, já não lembrava há quanto tempo a irmã não saía do quarto. Sobreviviam porque o pessoal da prefeitura mandava uma cesta básica e um botijão de gás todo mês. Ele, diariamente, buscava as duas latas de água a um quilômetro de distância. O peso dos anos e a saúde debilitada faziam com que suas saídas em busca da água fossem cada vez mais demoradas. Há meses não chovia fazendo com que a região se parecesse com o sertão nordestino. Antes de sair em busca da água olhou mais uma vez para dentro dando o primeiro passo no sol da tarde. Estava já próximo da fonte quando ouviu o estranho som, o aviso da cascavel, a mais nova moradora daquelas paragens. Antes que pudesse distinguir de que lado viera o som sentiu na perna, próximo ao calcanhar esquerdo, o bote certeiro. Depois mais nada, só o silêncio do deserto gaúcho. Recompôs-se do susto, olhou e mal enxergou as marcas deixadas pela cobra. Fixou seus olhos na direção da fonte e o que viu era cenário de sonho, não podia ser real. Mesmo sabendo que só podia ser miragem continuou andando até seus pés sentirem a água fresca e corrente. Devagar, muito lentamente, foi entrando mais, até mergulhar completamente. Não percebeu quando o velho corpo se entregou à gravidade, se moldando ao chão. Para além dos seus pés apenas o rastro da cascavel voltando para a casa de pedra...

HORA DÉCIMA SÉTIMA... 16:00... 17:00

Minha memória estendida
Através de vocês
Percorrerá séculos...

Com o par de tênis bem firmes nos pés, em pernas já nem tanto, a velha professora descia a rua em direção à verdureira. A mão direita segurava uma bem trabalhada bengala e a esquerda empurrava um pequeno carrinho de compras, desses que qualquer senhora de noventa e quatro anos pode empurrar com segurança. Sua forma de vestir não era das mais comuns, ao menos nessa idade. Após se aposentar da profissão de professora resolveu aposentar também seus vestidos, saias, blusas com babados e enfeites e também livrou-se de todos os sapatos de salto. Seus pés iam de descalços a chinelos ou tênis e nada mais. No começo o marido estranhou, mas aceitou depois. Filha única de operário da fábrica de móveis e mãe do lar, completamente do lar, daquelas que tinham a missa dos domingos como o maior evento social da semana. Sorte sua que o pai era um grande leitor que vivia dizendo que se não tivesse tido a professora que teve não seria chefe de setor lá na fábrica. Sentia-se grato à professora e, talvez por isso, incentivou a filha a estudar. Queria, em palavras dele, que ela fosse mais despachada que a mãe. E assim foi, estudou, se formou e começou a ensinar na escola ali perto mesmo. Depois casou com um amigo do pai, também operário da fábrica de móveis. Aulas, casa, marido, filhos e filhas, os anos passando e as vidas se construindo e também passando. Primeiro foi a vez do pai, não muito depois a mãe resolveu segui-lo. O marido ficou ainda por mais vinte e um anos e agora já fazia nove que estava sozinha. Quer dizer, não completamente sozinha, pois vivia com uma das filhas, também já idosa e um dos netos e sua família. Todas as terças e sextas-feiras descia a rua em direção à verdureira sempre mais para o final do dia evitando as horas de sol mais intenso. As saídas para comprar frutas e verduras eram os poucos momentos de real prazer que a vida ainda lhe propiciava.

GIL SALOMON

Entrava dizendo "Boa tarde dona Raquel. Já separaram minhas frutas, minhas verduras"? Às vezes pedia para acrescentar uma ou outra coisa fora do tradicional. Estava agora já bem próxima. Faltavam poucos metros para chegar quando um menino procurou lhe avisar. Cuidado tia, olha a casca de banana. Só viu sua bengala voando por cima do muro da casa ao lado. Ela caiu e sua cabeça foi de encontro a uma pedra solta. Noventa e quatro anos, cinco meses, treze dias, dezesseis horas e cinquenta e nove minutos...

HORA DÉCIMA OITAVA... 17:00... 18:00

Nascer e morrer
Formas de se atirar ao não saber
E aprender tudo de novo...

O sol estava quase se pondo. Hora ruim de dirigir, resmungou enquanto ajeitava seus óculos e enxugava o suor da testa. A cabine era climatizada, mas hoje resolveu dirigir em temperatura ambiente, talvez querendo que o suor lavasse a frustração de não ter conseguido passar o ano novo com a família e amigos. Conferiu as horas. Sim, conseguiria chegar em casa a tempo de jantar com eles. Da foto presa ao porta-luvas a mulher e os meninos o encaravam sorridentes. Sorriu lembrando que a mulher, já várias vezes, lhe falara que era hora de trocar a foto, pois os meninos eram já homens feitos. Concordava com ela, mas a foto continuava lá, talvez para lembrá-lo que um dia a própria barriga media a metade do que mede hoje. Deu uma alisada nela, ajeitou o bigode e se olhou no espelho. O tempo estava passando, lhe disseram os fios brancos de cabelo que já eram quase dominantes em sua cabeça. Os amigos viviam lhe dizendo que era hora de se aposentar. Até concordava em certos momentos, mas ao vê-los, todos gordos e com suas dentaduras reluzentes, lembrava-se do Raul cantando que não ficaria nesse apartamento, com a boca cheia de dentes esperando a morte chegar. Sua velha alma cigana o levava de volta às estradas, sempre para mais uma ou duas viagens. Depois, quem sabe, talvez se aposentasse. Descia agora os últimos quilômetros da serra e o sol o cegava quase que totalmente, pois naquele trecho ficava bem à sua frente. Andava devagar enquanto ligava o rádio numa emissora local. O locutor dava as últimas notícias e, pelo que ouviu, não perdeu nada de novo. Faltou luz numa praia e em outra falta água. Tudo se repete pensou, só nós talvez não. Concentrado em manter-se na rodovia e ouvindo as notícias não percebeu a carreta carregada que vinha descendo em alta velocidade fazendo sinais de luz. Ao ouvir a buzina já era tarde demais. Sentiu um empurrão gigantesco por trás. O caminhão levantou voo. Ele arregalou os olhos e não viu mais nada...

GIL SALOMON

HORA DÉCIMA NONA... 18:00... 19:00

O inesperado é o viver de fato
O resto são nossas tentativas...

Estacionou o carro na beira da estradinha e andou uns trinta metros antes de sentar na grama e encarar o lago. A água estava calma, serena. Refletia as poucas e esparsas nuvens daquele final de dia. Do carro com os vidros abertos fluía o bolero, de Ravel, que se integrava aos sons ambientes, ao canto dos pássaros e ao farfalhar das folhas na brisa morna e suave. Sentado ali tão integrado à natureza concluiu que não deveria ter ido ao escritório nessa tarde, mas não resistira ao chamado dos negócios, ao chamado do medo de perder alguma coisa. Após cálculos e mais cálculos, consultas e telefonemas para outros workaholik's como ele, concluiu, novamente, que nada mudaria, a luta pelas migalhas do planeta continuaria cada vez mais acirrada. A cada dia surgia mais uma nova ferramenta, mais um aplicativo que o conectava a tudo que fosse imaginável. Suas memórias eram armazenadas em nuvens que deixavam seus dados acessíveis em qualquer lugar do planeta. Essa nuvem de informação ou "information cloud", se por um lado nos facilita o manejo de informações, por outro lado torna-nos cada vez mais dependentes de formas de conexão mais rápidas. Na calma do fim de tarde começava a perceber o quanto se desconectara do restante das coisas que o cercam. Daqui o barulho longínquo da cidade parece insignificante, pensou enquanto abria a garrafa long neck e sorveu um gole de cerveja ainda gelada. Percebeu, de repente, que a música do seu carro silenciara. O silêncio foi quebrado pelas freadas de alguns carros. Em meio à confusão sirenes e homens fardados correndo em sua direção, parecia que por trás dele também havia alguém ou mais de alguém. Um dos fardados gritou "abaixem as armas", mas isso soou como uma ordem de atirar. Sentiu que as balas o atravessavam de todos os lados. Caiu ao lado do telefone que acusava uma nova mensagem no WhatsApp...

HORA VIGÉSIMA... 19:00...20:00

Daquele ângulo
Vista a flor
Foi só por teus olhos
E pelo beija-flor...

Com o terço de contas cristalinas nas mãos frágeis ela caminhava entre os ciprestes do velho convento. Os últimos raios de sol daquele dia iluminavam os velhos e vermelhos tijolos da parede onde ficava seu quarto. Deixara a janela aberta, pois ultimamente precisava muito de luz. Buscava a luz, tanto externa quanto interna, sua alma alimentava tantas dúvidas. Passara quase cinquenta anos ensinando classes e mais classes de alunos a ler e escrever e também os primeiros passos da matemática. Sua fé estivera segura e bem guardada debaixo do hábito negro que sua congregação usava. Durante todos estes anos e em tantas cidades diferentes mantivera uma ligação profunda apenas com a alma humana. Alunos passavam por ela às dezenas e sua única preocupação foi sempre a de dar-lhes ferramentas para que pudessem ler o mundo que os cercava e no qual viveriam. Por que hoje vivia cercada de tantas dúvidas? Logo ela que sempre fora considerada um alicerce onde os mais fracos e carentes podiam buscar ajuda. Sentou-se, extremamente fraca e cansada, em frente ao canteiro de flores que cercava as estátuas do Sagrado Coração de Jesus e do Sagrado Coração de Maria. Encarou-as e gritou com toda a força da sua alma. Por que toda essa dúvida agora? A resposta foi o silêncio do jardim. O silêncio, cada vez maior, à sua volta a apavorava. Seus ouvidos sempre cheios de vozes infantis não aceitavam o silêncio que seus noventa e oito anos de vida lhe impunham agora, já ao final da caminhada. Olhou para o banco em que estava sentada e deitando o corpo sobre o mesmo descobriu que tinha suas exatas medidas. Livrou-se do terço deitando-o sobre o peito e fez dos braços travesseiro sobre os quais deitou a cansada cabeça. Viu estrelas no céu e muitas vozes de crianças acariciaram seus velhos ouvidos. Respirou profundamente e fechou os olhos. Seu centenário, dentro de dois anos, será uma homenagem póstuma...

HORA VIGÉSIMA PRIMEIRA...20:00...21:00

Medos
Becos
Navalhas, facas, tiros
Lua indiferente no céu...

Escurecia o dia e sua vida também. Sentia estar indo em direção a algum beco sem saída, a alguma situação limite da qual não sairia, ou caso saísse não seria mais o mesmo. Buscaria mais uma pedra, apenas mais uma, depois pararia como prometera aos homens da prefeitura. Não lembra mais quando começou a fumar. De pedra em pedra apagou o que lhe restava de memória familiar, memória dos que já foram seus amigos. A cada dia apagava mais um pouco. Logo haveria apenas o branco total, apenas a necessidade de sobreviver até onde fosse possível. Entregou dez reais a um garoto, de rosto assustado, que voltou em minutos com a pedra. Procurou um beco escuro e quando percebeu viu-se sentado ao lado de um menino de mais ou menos treze anos. Quase levantou, mas pensando bem estava difícil conseguir um cantinho discreto e seguro. Os seus trinta e cinco anos ao lado de uma criança e ambos com suas pedras tiraram um pouco do brilho da viagem. Parte dele queria abraçar o menino, pois pela idade poderia ser seu filho, mas sabia que não podia. Seria acusado de sei lá quantas coisas. Levantou e saiu andando em meio à multidão indiferente. Havia vendedores e prostitutas por todos os cantos. Não respondeu ao apelo nem de uns nem das outras. Apenas seguiu, com os olhos vidrados, fixos em algum ponto muito além. Começou a subir o viaduto. No alto fez um discurso que ninguém ouviu. Falou, gesticulou e, por fim, inclinou o corpo, como quem quer ver alguma coisa no andar de baixo, antes de cair. O motorista do caminhãozinho, sobre o qual caiu e pela força do impacto foi jogado para o asfalto, estranhou o barulho na carroceria, mas não parou para ver, pois o trânsito estava carregado naquele horário. A viagem da última pedra o levou bem além do que imaginara...

GIL SALOMON

HORA VIGÉSIMA SEGUNDA...21:00...22:00

Uma pedra espera
O barco solto na correnteza...

Hoje ele saíria diferente. Não como um jovem executivo indo para alguma reunião de trabalho noturna, mas como um jovem travesti. Ao invés do terno leve que usava nos outros dias vestiu uma saia curta e apertada. Carregou na maquiagem que, somada à peruca loira, até enganavam a um olhar descuidado. Estava há dez anos nas noitadas. Estudava, mas muito lentamente. Se não parasse mais poderia se formar em estudos sociais no próximo ano. Onze anos atrás, com inocentes dezesseis anos, como tantos outros, veio para a cidade grande trabalhar e continuar os estudos. Começou a trabalhar como office-boy e a estudar de noite. Dessa forma concluiu o segundo grau. Tinha o corpo atlético, boa aparência e um ar da mais cândida inocência. Certamente por isso seu patrão começou a convidá-lo para sair. Nas duas primeiras vezes foram a uma pizzaria próxima e, além das pizzas, tomaram um bom vinho, bebida que ele mal conhecia e conversaram muito sobre literatura. Descobriram que ambos eram bons leitores. Ele lia muito para afugentar a solidão, já seu patrão lia por motivos que ele ainda não sabia quais. Talvez não sejam necessários motivos para ler. Quando novamente foi convidado a sair o patrão falou que tinha feito uma reserva para um jantar especial, só para os dois. Poderiam assim colocar em dia todos aqueles assuntos sobre literatura e artes que iniciaram nas pizzarias. Marcaram de se encontrar no ponto de ônibus próximo à pensão onde morava. O patrão chegou na hora marcada. Ao entrar no carro percebeu que ele estava fortemente perfumado e isso fez com que procurasse abrir a janela do seu lado. Deixa que eu abra, disse o patrão, apertando um botão que fez o vidro descer um pouco. Chegaram numa espécie de hotel fazenda meia hora depois de se encontrarem. O local era de alta classe, com garçons uniformizados e muito profissionais. Após nos servirem o jantar deixaram-nos a sós. Na sonorização do ambiente descobriu, por informação do patrão, que tocava a sinfonia número dois de Rachmaninoff. Assim, com muita cultura e classe iniciou-se no mundo do lazer e do sexo, lembrou enquanto dava os últimos retoques na maquiagem. Mesmo no ramo nunca se sentiu prostituído, pois seus clientes, a grande maioria, eram pessoas tão carentes que, muitas vezes, achava que estava fazendo caridade vendendo um pouco de prazer a elas. Deu uma última olhada no espelho e saiu para a rua. Olhou para os lados e achou que a rua estava muito vazia para a hora. Lá no começo da rua um carro preto aproximava-se lentamente. Ensaiou um passo rebolado esperando ser visto. Instantes depois o carro parou ao seu lado. Ao virar o rosto para ver quem era viu quatro rapazes com a morte nos olhos. Ouviu e sentiu os tiros antes do carro arrancar e o silêncio da rua ser invadido pelos gritos dele e gargalhadas deles... Depois disso passou a ser apenas mais um número nas estatísticas...

HORA VIGÉSIMA TERCEIRA...22:00...23:00

Corda não rima com relógio
Nem com pescoço...

Começou mais um ano e o maldito poema sobre Tiradentes não saía, não ficava pronto nunca. Quando aceitou a encomenda feita pelo prefeito, fã do mártir da independência, não imaginava que teria tanta dificuldade de colocar em palavras o sentimento daquele prestes a ser enforcado. Leu vários livros de historiadores renomados buscando chegar ao âmago dos sentimentos de Tiradentes, mas faltava algo. Ser considerado um futuro mártir não era motivo suficiente para entregar o pescoço ao carrasco, achava o poeta. Devia haver um motivo maior, escondido nas entrelinhas da história. Mas como chegar ao motivo maior, escondido, se nem sabia mais onde procurar? Os amigos, quando chegavam à sua casa, achavam que estava prestes a enlouquecer quando viam a forca, feita de cordas antigas, presa a uma viga do teto. Passava horas observando a corda no teto. Imaginava o pescoço dentro da forca, sem mais nem um chão para apoiar os pés e procurava imaginar a vida fluindo para fora do corpo pendurado e se debatendo. Os vários livros de poemas que já publicara saíram todos com tanta facilidade e leveza. Por que não conseguia finalizar o poema encomendado, perguntava-se cada vez mais. Como um autômato levantou-se de repente e dirigiu-se à escada, porém, antes apagou as luzes. Uma pequena lâmina de luz, vinda da lua, iluminava a macabra corda. Encostou a escada bem abaixo da forca e começou a subir. Foi devagar, de degrau em degrau, até chegar ao topo. Sentia-se ainda tão vazio de sentimentos que, loucura maior, resolveu colocar a corda em volta do próprio pescoço para, quem sabe assim, captar o sentimento de Joaquim José da Silva Xavier, o Tiradentes, no exato momento do enforcamento e transformar isso em poesia. Com os pés firmes na escada, colocou a corda em volta do pescoço e procurou firmar a outra mão na próxima viga. Foi tudo muito rápido. O pulo e o miado do gato. A escada caindo. A poesia do enforcamento sendo praticada, mas não havia mãos para registrá-la...

HORA VIGÉSIMA QUARTA...23:00...24:00

Fugiríamos
Se houvesse para onde...

Era quase meia noite e ele e o amigo da Rural Willys continuavam sentados na recepção do pronto-socorro. Tudo começou a virar de cabeça para baixo há mais ou menos três horas. A mulher, grávida pela primeira vez, esperava o parto para a metade de janeiro, conforme cálculos do ginecologista que a atendia no posto de saúde lá da comunidade. Lá pelas oito horas a mulher começou a ter umas dores esquisitas. No começo acharam que era normal, mas quando as dores foram ficando insuportáveis ele julgou melhor levá-la ao pronto-socorro. Pediu que ela ficasse calma, pois ele iria até o vizinho, aquele da rural, e pediria que os levasse até a cidade. Pegou a moto e saiu deixando um rastro de poeira até a fazenda do vizinho. Chegando lá explicou a gravidade da situação e, diante disso, o vizinho saiu do jeito que estava. A moto dele foi jogada dentro da rural e saíram em disparada em direção à casa. Lá chegando encontrou a mulher no chão do quarto, inconsciente. Ergueu-a nos braços e a passos rápidos dirigiu-se de volta à rural. O amigo já havia retirado a moto quando chegou abrindo espaço para que ele se acomodasse com a esposa nos braços. Após meia hora de buracos e estrada de chão chegaram ao hospital. Foi atendida imediatamente, mas os dois não puderam entrar e continuavam sentados no mesmo banco uma hora e meia depois dela entrar. Quando chamaram por seu nome deu um salto na cadeira, assustando até os que sentavam à sua volta. O motorista da rural, sentado um pouco adiante, acompanhou-o para dentro da pequena sala onde os esperava o doutor. Ansioso não conseguia nem sentar na cadeira que o doutor indicava. Diga-me doutor, como está minha mulher? Sente-se, por favor. Assim está melhor. Tentamos tudo o que foi possível, mas sua mulher não resistiu. E minha filha, a Esperança? Está bem, respondeu o médico. A Esperança vive...

GIL SALOMON

COMER COM OS OLHOS

JURA ARRUDA

> *Um dia, abri baús e gavetas, soltei as palavras e elas voaram. Agora estão por aí a falar de mim.* **Jura Arruda**

O moço aí já passou dos 40. Escreveu peças, roteiros, contos e crônicas. Está tentando agora escrever seu próprio destino. Enquanto isso se alimenta-se das palavras que a vida lhe dá.

Contato: www.facebook.com/Arrudiando

UM CONTO BRUNOISE

Foi a claridade, mais que a vontade de acordar. Mirela despertou de uma noite sem sonhos. Era sábado. As compras para o almoço tinham sido feitas no dia anterior, por isso ela poderia espreguiçar-se à luz que invadia a janela, tomar um banho demorado e um bom café antes de começar a preparar o almoço. Vivian chegaria perto do meio-dia, sua mãe e tia Herta um pouco antes. Não era uma data especial, como não precisam ser especiais as datas para que as pessoas se reúnam.

O peito de frango desossado esperou pelos toques da moça que sorveu o café lentamente, enquanto olhava para a carne no balcão imaginando se valeria arriscar um novo ingrediente à receita. Talvez alcaparras…

- Não. Sem alcaparras.

Desde que veio para o Sul, separada de seu pai, Mirela passou a cozinhar mais e a substituir a mãe na cozinha. Toda a técnica e criatividade herdara de seu pai. Olhou para o armário onde estavam os mantimentos. Repassou mentalmente um por um, mas decidiu fazer a receita tal e qual o pai fazia. "Se deu certo, mantenha. Quando for inovar, tenha certeza de que não vai estragar", ele dizia. Sempre ousava na cozinha, parecia nunca estar satisfeito com o prato, acrescentava ou tirava algo. A relação dele com Mirela também era assim, sempre acrescentava ou tirava algo, como nas vezes em que precisava viajar a trabalho e ficava fora por meses, depois voltava e era como se acrescentasse um novo sabor à vida da filha. Em uma das viagens ela o viu colocar na mala um vidro de champignon, ele olhou para ela e sorriu dizendo: "Às vezes o champingnon pode salvar sua receita, e salvar você também".

No armário de Mirela tinha champignon, o mesmo que o pai usava. Sempre o mantinha ali para casos de necessidade. Sentia falta do pai e, naquele dia, em especial. Não era de remoer saudades, tirou a mesa do café e se preparou para fazer o frango ao gratinatto.

* * *

Cesar levantou do sofá onde dormira boa parte da noite, acendeu um cigarro e foi até a porta-janela que dava para o jardim. Deu a primeira baforada e recostou-se. O sol precipitava-se sobre a albizia e salpicava o gramado com raios de luz. Era bom acordar com este cenário, ainda que uma impertinente dor de cabeça impedisse o bem estar por completo.

Cesar ajeitou os cabelos transpassando os dedos pelos fios ondulados e sentiu um líquido viscoso. O sangue escuro em suas mãos trouxe flashes da noite anterior: o rosto de Juliette, a taça na mão, o decote que mostrava toda sua coxa enquanto exibia-se em uma dança sensual, um barulho de sino e, por fim, o escuro. No jardim, o cenário ficou diferente, ainda que o sol continuasse a romper a albizia e tocar o solo. Por trás da árvore, havia um corpo caído. Cesar irrompeu pelo quintal, atravessou o gramado salpicado de luz e se deparou com o cadáver de um desconhecido.

Virou-se para a casa, voltou em disparada.

- Juliette! Juliette!

Não ouviu resposta. Percorreu os cômodos e não percebeu nenhuma desordem, nenhum sinal de vandalismo ou roubo, havia apenas algumas garrafas espalhadas no chão da sala e nenhum sinal de Juliette. Abaixo da mesa de centro havia uma taça e um resto de vinho no tapete. Cesar sentou para tomar fôlego. O sangue na mão e a dor na cabeça o deixavam tonto, já não lembrava onde havia deixado o cigarro que acendera há pouco. Também não lembrava de muito mais da noite anterior.

* * *

Diante da geladeira aberta Mirela parou, sentiu o ar frio por uns instantes. Aquilo fazia-a voltar à infância em São Paulo. Nas madrugadas de calor, acordava e ia à cozinha tomar refrigerante e refrescar-se com o ar frio da geladeira. Voltou a si, pegou uma cebola, creme de leite e queijos e os levou à pia. Gostava de organizar os ingredientes antes de começar a cozinhar. Arrumou sistematicamente. Viu no relógio da parede que passava um pouco das dez. Não tinha pressa, decidira fazer o almoço sem a correria

JURA ARRUDA

dos dias de semana.

Mesmo morando sozinha Mirela costumava almoçar em casa. Não trocava comida caseira pela de nenhum restaurante e repetia isso toda vez que suas amigas comentavam sobre o trabalho que ela tinha de preparar almoço em uma hora e meia de intervalo. Cozinhar era um prazer e almoçar em casa era um hábito. Dona Camélia, vizinha do andar de baixo, fazia-lhe companhia quase diariamente, portanto, poucas vezes, realmente, Mirela almoçava sozinha. Uma ou outra vez a vizinha dispunha-se a cozinhar, mas a maior parte do tempo era ela quem preparava o almoço. Cozinhar para dois é melhor do que pra um, dizia. Depois de deleitar-se com os pratos de Mirela, Dona Camélia caía no sofá, dava dois suspiros e dormia. Levantava, muito desconcertada, depois de Mirela ter saído para o trabalho e voltava para seu apartamento nas pontas dos pés, como se tivesse cometido um delito.

A água fervia. Mirela colocou dois tomates riscados em cruz para soltar a pele quando o telefone tocou. Era Vivian. Avisava que chegaria mais tarde e levaria consigo um amigo.

- Hum! – suspirou - Um amigo… Novidades?
- Só um amigo, Mirela. Até depois.
- Ok. Até.

Sem abalos Mirela retirou os tomates do fogo e arrancou-lhes a pele e as sementes, amassou três dentes de alho e picou meia cebola em brunoise. Não verteu lágrima.

* * *

O choro de Juliette entrou pelos ouvidos de Cesar como adagas, causando-lhe uma dor aguda na têmpora. A voz era firme e grave do outro lado da linha:

- Você tem até meio-dia. Depois disso sua mulherzinha não chora mais.
- Espera!

A ligação foi encerrada e Cesar pressentiu o pior. Eles haviam sido descobertos. Pegou novamente o telefone e teclou os números de Dom Ghiottone. Não houve resposta. Voltou ao jardim e vas-

JURA ARRUDA

culhou os bolsos do homem caído, encontrou a carteira, nela uns poucos trocados, dois cartões de crédito e alguns cartões de visita. O homem era Amarildo Fioretto, o que não queria dizer muita coisa para Cesar. Entre os cartões havia o de um restaurante, o Gratinatto Cucina. Foi então que uma sensação gelada passou por seu estômago. Ele estava certo, haviam sido descobertos. Sentou inerte no gramado. Um filme passou-lhe pela cabeça.

- Saindo o prato da casa para meus *indimenticabile amici!* – Cesar trazia da cozinha o Frango ao Gratinatto, especialidade de seu restaurante. Na mesa, com olhares gulosos, Dom Ghiottone, Juliette e Guido, primo de Ghiottone que viera morar com ele ainda criança. Ao som de "uau" o prato foi servido e, sem cerimônia, devorado. Minutos depois os fregueses largavam os talheres e suspiravam.

- Cesare, *questo piatto è divino!*

- Obrigado Dom. A especialidade da casa.

- Especialidade especialíssima – disse Guido.

- Que tipo de cebola você usa? – perguntou Juliette.

- Perdão?

- A cebola me parece com um gosto diferente. Realmente deliciosa.

- Talvez seja o corte. Cortamos em brunoise. Eu acho que evidencia o sabor.

- Brunoise? Francês? – perguntou Dom Ghiottone.

- Deve ser por isso que eu gostei – sorriu Juliette

- Sim, é francês, Dom. A culinária francesa sempre ditou a gastronomia no mundo.

- *Ma Che!* De onde tirou isso? – Dom Ghiottone passou o guardanapo na boca e colocou-o sobre a mesa - A conta, Cesare, *per favore.*

- Imagina, Dom! É cortesia da casa.

- Faço questão! O prato estava *spettacolare!*

- Dom, da próxima vez. Quem faz questão hoje sou eu. Aceite por favor.

Dom Ghiottone aquiesceu. O restaurante acabara de passar por um período difícil, prestes a fechar as portas. Em um fim de noite, desiludido, Cesar contou ao amigo a situação. O cliente mais frequente do Gratinatto Cucina fez o depósito no mesmo dia.

- Não quero sociedade, Cesare. É só uma ajuda. Um dia você vai retribuir.

Com o dinheiro de Dom Ghiottone empréstimos foram pagos e o restaurante recuperou seu status. O velho italiano nunca aceitou o dinheiro de volta, mesmo com os lucros que o Gratinatto passou a dar. Dizia "Quero que você deva a mim, Cesare! Não quero dever a você". Foi nesse período que a pequena Mirela começou a frequentar a cozinha e a dar os primeiros passos na arte da gastronomia.

Cesar olhou de novo para o nome do morto, Amarildo Fioretto, virou o homem e reconheceu no rosto envelhecido de nariz adunco, Guido, o primo de Dom Ghiottone.

- Puta que pariu!

* * *

Três batidas à porta. Eram a mãe e a tia de Mirela.

- Por que não tocaram a campanhia?
- Cansamos de tocar, disse tia Herta.
- Será que pifou de novo? – Foi até a porta, apertou insistentemente o botão – Droga!
- Olha a raiva! – falou a mãe – Não é bom cozinhar com raiva. Passe carinho para a comida que fica mais saborosa e faz bem a quem vai comer.

Mirela, que não estava com raiva, não fez comentário. A tia sim:

- Verdade, Odete, a emoção vai direto para o estômago de quem come. Comida pode até matar, e mata! O Cesar sempre dizia isso. Quer ajuda, filha? – ofereceu-se envolvendo a sobrinha num abraço.
- Ah, tia, quero sim. Pode ralar a mussarela pra mim?
- Com prazer, disse Herta arregaçando as mangas para lavar a mão.
- A Vivian vai chegar na hora dessa vez? - perguntou Odete.
- Não, mãe. Mas ela já ligou avisando.
- Sabia - falou a mãe mordendo uma maçã.

Tia Herta pegou o pacote de mussarela, examinou e perguntou:

- Quanto tem aqui? Meio quilo?

- É - respondeu Mirela.

- Não é pouco?

- Que gulodice por queijo Herta! - falou Odete com a boca cheia de maçã.

- Vai provolone e catupiry também, tia.

- Hum, boa menina!

Mirela tirou o frango da panela, colocou-o numa bacia. Com habilidade desfiou um quilo e meio em poucos minutos, enquanto sua tia contava sobre o baile do dia anterior.

Herta ficou viúva muito nova e não casou novamente, dizia que casamento não havia sido feito para ela, mas não ficava só. Nunca recusava um convite para dançar e sempre voltava com mil histórias. Não tinha filhos e tinha uma boa pensão do falecido militar, por isso, esbanjava parte de sua renda em festas. Ela tinha o dom de alegrar as pessoas, contudo, quando sozinha, quando não podia mascarar a tristeza, Herta chorava. Nos últimos meses com mais frequência.

- Mãe, pegue aquela panela ali pra mim.

Odete pegou a panela, colocou no fogão e acendeu um fogo médio. Mirela se aproximou e lançou um fio de óleo, deixou aquecer por instantes, pôs o alho, depois a cebola. Um cheiro irresistível começou a tomar conta do ambiente. Tia Herta suspirou:

- Isso me lembra o restaurante do seu pai.

Mirela parou de mexer os ingredientes da panela e respirou fundo.

- Sabe tia, hoje eu...

- Que lembrança idiota, Herta. A cozinha da Mirela é muito melhor do que aquela espelunca – interrompeu Odete.

- Melhor contar sobre o baile, tia – pediu a sobrinha.

- O baile estava ótimo. Acho que nunca dancei tanto – abaixou a cabeça e balbuciou – nem namorei tanto.

- Herta!

- O quê?

- Como pode viver assim?
- Assim como?
- Assim, oras!
- Melhor do que viver assim! – apontou com desdém para Odete.
- Do que você está falando?
- Que desde que você se separou vive de cara feia.
- Ora, não fale besteira. Estou muito bem sozinha.
- Quem fica bem sozinha, Odete?
- Eu fico. Sempre fiquei.

Mirela continuou mexendo o frango, a conversa das duas senhoras foi perdendo volume e ela se perdeu em seus próprios pensamentos. Fazia dois meses que não falava, nem por telefone, com o pai. Sentia falta, mas procurava entender o silêncio dele. Ela se acostumara com a ausência do pai desde pequena, desde as frequentes viagens a trabalho. Entendia também agora, desde que viera morar no Sul com a mãe, o que não aconteceu por escolha dela. Um dia, pouco antes de completar treze anos, acordou e as malas estavam prontas. A mãe tinha os olhos inchados. Mirela não lembrava de ter se despedido do pai, mas lembra do último diálogo que ouviu antes de partir.

- Lá é mais calmo, Odete. Vocês terão uma vida melhor. Vou mandar dinheiro pra vocês, além da pensão.
- Você quer é se ver longe de mim, seu desgraçado. E dela! É esse o amor que você sente por sua filha? Mandando ela pra longe?
- É preciso, acredite.
- Você tem outra?
- Não vou mais discutir com você. Acabou! E vocês precisam sair daqui.
- Não deve ser só por causa de outra mulher Cesar. Esse seu desespero está me dizendo que a coisa é ainda pior.
- É pior, Odete, acredite. Muito pior. Vocês precisam sair daqui. Vá para o Sul, faça o que estou falando e acredite em mim. Estou pensando no seu bem e no que é melhor para Mirela.
- Ficar sem pai é o melhor para ela?
- Chega! Vocês têm que ir!

Na cozinha do restaurante o frango refogava, o cozinheiro acrescentou açafrão e páprica picante. Mirela sentiu o cheiro e identificou que o frango ao gratinatto estava sendo preparado. Dessa vez não era por seu pai. Os três saíram e nunca mais voltaram.

No Sul a cozinha de Mirela começava a exalar o mesmo cheiro do dia em que partiram. Mãe e tia haviam parado de falar, Odete se aproximou da filha e colocou a mão em seu ombro:

- Por que está tão quieta, filha?
- Nada, mãe. Concentrada.
- Não lembro de você ser tão concentrada assim.
- Estou só um pouco pensativa...

Mirela acrescentou os tomates picados e uma lágrima à receita.

* * *

- Dom, meu amigo!

Dom Ghiottone não fez menção de cumprimentar, foi direto ao assunto

- Cesare, chegou a hora de você me retribuir.

A voz de Dom Ghiottone era calma, o que não significava calmaria. O velho, ao contrário da imagem que se faz dos italianos, não era espalhafatoso, nem gesticulava demais. Aprendera muito cedo a não revelar em contornos de semblantes seus sentimentos. *"Per la sicurezza"* – dizia o pai.

- Um dia chegaria, não é?
- *Si.*
- Como posso retribuir?
- Juliette precisa de abrigo. Preciso que você zele por *mia ragazza*. Vou enfrentar um momento difícil e ela precisa estar em segurança. *Capisce?*
- Mas como vou fazer isso, Dom? Que momentos difíceis são esses?
- *Una guerra personale* – revelou com forte sotaque.
- Não estou entendendo.
- *Inutile capire* – balbuciou – Faça o que lhe peço. Você me deve essa.

Cesar entendia, sim, preferiu manter-se discreto e não inquirir o amigo. O velho italiano estava prestes a perder seu domínio na guerra do tráfico paulista. Já não tinha mais força e via bandidos *senza stile* tomar conta de seu território. Deixar Juliette longe dessas questões sempre fora a maior preocupação de Dom Ghiottone. Como o restaurante ficava em outro bairro e Cesar era uma das pessoas mais discretas que conhecia considerou deixar Juliette com ele para afastá-la do perigo. Não imaginava, porém, estar dando ao destino a oportunidade de unir sua amante a seu amigo. Dom Ghiottone estava dando início a um jogo em que o desejo motiva os jogadores e a libido insta-os a cometer erros, um jogo em que não se reconhecem méritos ou honra; onde quem vence é a pele, sob a máscara do amor, este sentimento supervalorizado que justifica absurdos.

Juliette passou a dormir no restaurante e a ajudar na cozinha. O cheiro dos temperos, a beleza dos pratos e o carisma de Cesar bruxuleavam na cabeça da moça como fogo. Bastaram três dias e o fogo saltou da boca do fogão para arder na pele dos amantes. Alimento que não sacia, o desejo de ambos aumentou e já não cabia naquela cozinha. Dom Ghiottone não podia imaginar que em sua *guerra personale* perdia a mais dolorosa das batalhas.

O restaurante, Juliette e o casamento ruindo se transformaram aos poucos em uma mesma coisa na cabeça de Cesar. Eram ingredientes de uma receita nova, que já estavam misturados e resultavam num sabor amargo. Romper com Odete seria difícil, mas seria quase nada se comparado ao rompimento com Dom Ghiottone, o traficante italiano, que guerreava pelos becos de São Paulo. Voltar atrás na relação com Juliette não era mais possível, justificar não era uma opção e abrir mão desse sentimento era impossível.

* * *

- Hum, vamos abrir? – perguntou Herta pegando uma garrafa de vinho branco, ao que foi repreendida por Odete:
- É para a receita! Nada de encher a cara.

- Encher a cara... - suspirou com desdém.
- Pode tomar sim, tia. Só preciso de um copo para colocar aqui.
A tia passou um copo com o vinho para Mirela que colocou sobre o frango já dourado na panela. Logo em seguida, a moça acrescentou uma xícara de extrato de tomate ao prato e a tia o vinho à taça. Os ponteiros se aproximavam das doze horas.
- Quer uma taça? – perguntou Herta à sobrinha.
- Bem pouquinho.
O fogo bruxuleante emitia um sussurro quase inaudível, como se dissesse "aqueça!", bolhas explodiam no molho e o toque da escumadeira na panela compunha a música da refeição sendo preparada. "O som de comida sendo feita atiça o paladar, tanto quanto o cheiro, é música para o estômago", dizia Cesar. Mirela mais uma vez lembrou do pai. Bebeu um longo gole.
- Não beba! Vamos fazer um brinde!
- A quê? – resmungou Odete.
- Às suas mãos, Mi! Que sabem como ninguém transformar ingredientes em felicidade!
Odete pegou sua taça e brindou concordando com os dotes da filha, que ela mesma não tinha.
- Como parece com o pai! – disse a mãe.
Silenciaram. Era mais do que um comentário o que Odete fez, e todas sabiam disso. Mirela sorveu da taça um gosto amargo de ausência.
- As habilidades do pai e a beleza da mãe! – tentou remediar a tia.
- Ora, que beleza? – sussurrou Odete.
- Mãe, quer parar com isso! Você é linda e sabe que é.
Os lábios de Odete a traíram com um quase sorriso.
Quando recebeu o pedido de separação Odete ainda não sabia do envolvimento de Cesar com Juliette. Pensou que a culpa fosse dela por não se cuidar, por não ser mais a mesma mulher com cintura fina e lábios grossos. Culpou-se durante meses até saber do envolvimento de Cesar e Juliette. Quis matá-lo chamou-o de tudo quanto pode, julgou-o e condenou-o, mas em seguida acrescentou mais culpa à sua dor. Acreditou de novo que era o

motivo da separação, por não ser mais a jovem que era, por não esbanjar beleza e charme. Depressão passou raspando, mas não se instalou porque Herta mudou-se para a casa de Odete e, apesar de não conseguir levá-la aos bailes, era boa companhia e salvava-a diariamente da culpa que alimentava.

- Sua mãe devia era arrumar um namorado – sugeriu Herta.
- Tia Herta tem razão, mãe. A senhora tá jogando a vida fora.
- Eu sei da minha vida – ralhou Odete.

Mirela voltou ao fogão, acertou o sal da receita e ofereceu a colher à mãe, que aprovou. Tia Herta já metia uma colher também na panela e, depois de provar, gemeu. Mirela riu comentando que ainda não estava pronto. Ela bem sabia que já havia muito sabor ali. Desligou o fogo, acrescentou uma lata de creme de leite e cheiro verde fresco. Mexeu e viu a receita ganhar nova cor e cremosidade. Quem gemeu dessa vez foi ela.

* * *

Cesar levantou-se do gramado e entrou em casa. Vasculhou gavetas em busca de sua carteira, encontrou-a e pôs no bolso. Antes de sair, viu no chão, ao lado do sofá, sua arma. Pegou-a e conferiu o tambor. Faltava uma bala. Provavelmente a que matara Guido. Quem teria atirado? Juliette? Daquela distância não seria possível, eram quase quinze metros. Juliette nunca pegara em arma alguma, que ele soubesse. Caminhou até a porta-janela, olhou mais uma vez o corpo atrás da albizia, olhou para os lados. Viu em uma das vigas do alpendre o cigarro que abandonara, pegou-o e tragou. Não entendia por que permanecia vivo. Se Dom Ghiottone teve a chance de matá-lo, por que o poupou? Por que levou Juliette apenas? Colocou o revólver na cintura, era hora de sair dali.

Atravessou a sala em direção à porta de entrada, estava destrancada. Abriu-a e um cano de revólver foi colado em sua testa. Era Dom Ghiottone que empunhava a arma.

- Cesare, *quanto tempo fa!* Entra, filho da puta!

Cesar era empurrado com o cano do revólver para trás. Tateava os móveis e retrocedia, contornou de costas o sofá. Dom Ghiottone pressionou o revólver sobre sua testa forçando-o a sentar.

- Dom, eu...

- Quieto! – Dom Ghiottone sentou-se na poltrona, do outro lado da mesa central, com a arma ainda apontada. Cesar olhou para trás e viu que havia dois capangas na sala, um loiro parrudo queimado pelo sol e o outro moreno, esguio, com olhar nervoso e um pano que lhe cobria o ombro e por onde se via uma mancha de sangue.

- Cadê Juliette?

- A mesma pergunta que eu fiz nos últimos anos. Foi essa mesma merda de pergunta que eu me fiz nos últimos anos, todo santo dia! – vociferou Dom Ghiottone para depois retomar a calma - Olha só que engraçado, agora eu sei a resposta e você não – fez sinal para o loiro, o homem apontou a arma para Cesar. O velho italiano levantou-se e serviu-se de whisky do bar – Casa bonita, Cesare.

A arma do loiro parrudo pressionava o machucado que Cesar trazia na cabeça. Dom Ghiottone olhava para o ambiente, caminhou até a porta-janela. Voltou-se para Cesar:

- O Guido gostou do seu jardim, meu amigo. Acho que não vai sair de lá tão cedo – voltou a analisar a sala – É uma bela casa, sim senhor. Você gosta dela, Cesare? Deve gostar, não é? Deve gostar desse sofá aí também. Quanto você fodeu nele? – Dom Ghiottone aumentou a voz e se aproximou de Cesar com a arma em punho – Quanto você comeu minha Juliette nele, seu puto? – depois, num tom mais suave - Não vai mais comer.

O velho sentou-se novamente na poltrona.

- Eu apostei em você, meu amigo. Eu ajudei você quando precisou. Só esperava que você soubesse retribuir, mas você não sabe o que é fidelidade. Você não sabe o valor que tem uma amizade. Uma amizade de verdade não se troca por qualquer par de pernas, Cesare! Muito menos pela mulher de um amigo. Eu era seu verdadeiro amigo, você não entendeu. – Dom Ghiottone parou de falar, olhou ao redor – Onde fica a cozinha?

- Ali.

- Vamos até lá, Cesare. Antes de acabar com você, você vai me servir.

O loiro apertou o revólver contra a cabeça de Cesar.

- Peça pra ele parar com isso, Dom – o italiano fez um sinal e o loiro recolheu a arma.

- Foi um belo talho, Cesare! Não é de estranhar que você tenha dormido a noite toda. Ainda mais com a quantidade de vinho que você tomou. Veja só essas garrafas jogadas.

Não foi Cesar que tomou todo aquele vinho, os homens de Dom Ghiottone decidiram fazer uma festa antes de partirem. Guido teve a ideia, o loiro alertou que eles tinham que sair dali, mas Guido estava no comando e resolveu beber. Os dois capangas acompanharam o primo do chefe. Esvaziaram cinco garrafas.

- Preciso tirar água do joelho – falou Guido.

O primo de Dom Ghiottone levantou-se e caminhou trôpego até o jardim. Juliette esperou ele se afastar e pegou a arma que Cesar guardava embaixo do sofá, presa por uma fita adesiva. O moreno viu seu movimento e sacou da arma, Juliette disparou contra ele acertando-lhe o ombro. O tiro do capanga passou de raspão por Juliette e antigiu Guido no quintal. A arma da moça caiu e o loiro voou para cima dela, contendo-a.

- Merda! O que você está fazendo, mulher?

O tiro do moreno passou rente a Juliette, mas o zunido entrou em seu ouvido causando perda momentânea de audição. Ela fora arrastada para fora de casa.

Dom Ghiottone terminou o whisky e jogou o copo contra a parede da cozinha.

- Cadê o cardápio, Cesare? Eu estou com fome. Ah! Não precisa de cardápio. Eu quero a especialidade da casa. Solte ele! – gritou para o loiro – Pode começar, chef! Estou esperando.

- Dom, eu não sei onde você quer chegar, mas a gente pode conversar.

- Eu não quero conversar, Cesare. Antes eu queria, agora não quero mais. Durante sete anos eu quis, eu queria entender, mas agora eu não quero mais. Não temos mais nada para conversar. Você vai cozinhar e eu vou comer. É isso que vai acontecer. Não é um final perfeito? Seu último prato ser preparado para alimentar quem vai lhe matar? Daria um filme. *Eccolo!*

Cesar tirou uma panela do armário, abriu a geladeira e viu que tinha tudo o que precisava, mas não pegou de imediato, deixou o ar frio tocar-lhe o rosto e, por um instante, lembrou de Mirela. Como ela estaria? Talvez ele não viesse a saber.

- *Presto!*

Cesar pegou a cebola, o creme de leite e os queijos e levou-os à pia. Começou a preparar o frango ao gratinatto, prato que ele não preparava há sete anos. Dispôs a tábua de cortar sobre a pia e começou a cortar a cebola.

- Brunoise, *mio amico*. Em brunoise.

Cesar abstraiu o quanto pode, cozinhar sempre fora um prazer e continuaria sendo, mesmo nesta situação. Realizou cada ação no preparo do prato com a mais puro cuidado, sentiu cada um dos odores, ouviu cada um dos sons. Dom Ghiottone e os capangas pareciam também estar envolvidos pela magia daquela cozinha e permaneceram quietos. Cesar desligou o fogo, acrescentou o creme de leite e o cheiro verde fresco. Mexeu e viu a receita ganhar nova cor e cremosidade.

* * *

Mirela pegou um refratário oval que ganhou de Vivian. Colocou metade do frango da panela e ajeitou-o no fundo. Em seguida metade da mussarela foi posta sobre o frango, sob os olhos atentos de Odete e Herta. As taças de vinho iam pela metade e a fome aumentava. Sobre a mussarela Mirela colocou o provolone.

- Só isso? – questionou Herta.

- Duzentos gramas, tia. É o que precisa.

- Que miséria!

A sobrinha ignorou, pegou o restante do frango e colocou sobre os queijos, depois lançou catupiry sobre o que já era um prato vistoso.

- Quatrocentos gramas, tia! Tá bom assim?

Herta gemeu.

- E mais mussarela. – informou Mirela colocando a metade restante do queijo.

- Esqueci do forno, comentou Mirela, ao que sua mãe apressou-se em ligar.
- Qual temperatura?
- 180.

O forno aquecia e as três bebiam seus vinhos quando ouviram batidas à porta. Mirela lembrou que a campainha estava pifada, abriu e viu Vivian translúcida.

- O que aconteceu Vi?

A amiga permaneceu quieta, por trás dela Mirela viu um homem gordo com um fino bigode.

- Ele é...
- Você é Mirela?
- Sim, sou.
- Ótimo – falou o gordo apontando uma arma. – Vai entrando, quieta.

Herta e Odete congelaram ao ver o homem com a arma apontada para Mirela. A taça da tia caiu espatifando-se no chão.

- Calma, tia! Ninguém vai se ferir – falou o gordo e em seguida puxou o ar sendo arrebatado pelo cheiro do frango ao gratinatto

– Que cheiro é esse?

Não houve resposta.

- Que cheiro é esse?
- O almoço.
- Eu quero experimentar.
- Ainda não está pronto – falou Mirela.
- Eu espero. Quem está fazendo? É a senhora, tia? – apontou displicentemente a arma para Odete.
- Sou eu – adiantou-se Mirela.
- Hum, agora sei porque Dom Ghiottone mandou vir buscar você.

Ao ouvir aquelas palavras Mirela tremeu. Suas pernas falsearam e ela precipitou-se sobre o balcão. Odete congelou, a taça levemente virada em sua mão derramava vinho sobre o tapete.

- Anda, mulher! Eu quero ver esse prato pronto!

Mirela recobrou as forças e pegou a travessa para levar ao forno.

A partir daqui, você escolhe um dos finais preparados para agradar

JURA ARRUDA

ao seu paladar literário. Enquanto você decide, sugere-se que tome um bom vinho branco e fôlego.

Cardápio
Um conto brunoise

Finais

Mal passado...Página 80
(Retirado minutos antes do forno e regado com subjetividade. Um desfecho que permite a você dar o toque final e servir em conversas de bar, na casa de amigos ou clubes de leitura)

Ao ponto..Página 81
(Preparado para agradar aos paladares ansiosos. É servido com gotinhas de satisfação e final feliz. Um dos pratos mais servidos em livros, filmes e peças de teatro)

Bem passado..Página 83
(Combinação forte. Feito à base de tensão e regado com requintes de crueldade. Apresenta leve gosto amargo, ideal para quem se permite provar diferentes sabores)

MAL PASSADO

Com diferença de sete segundos Mirela e Cesar abriram os fornos. Em cada uma das casas um breve esfumaçar escapou anunciando o prato pronto que, fausto, recendia. O laço entre pai e filha se tornou indelével em seus corações, mesmo que ambos não soubessem que nos últimos minutos repetiram os mesmos gestos, acrescentando os mesmos ingredientes, repetindo o mesmo padrão de anos atrás.

Cesar olhou para o loiro que mantinha o revólver apontado para ele e os olhos apontados para o frango, o cheiro tomou conta da casa. No sul, o mesmo cheiro invadia o ambiente.

AO PONTO

Mirela voltou a travessa ao balcão.

- Falta pôr um ingrediente – falou a moça para o gordo.

O vidro de champignon estava no fundo do armário. Com certa dificuldade Mirela o alcançou. O rótulo do vidro fizera-a viajar no tempo. Lembrou de seu pai colocando o champignon na mala: "Às vezes o champignon pode salvar sua receita, e salvar você também". Olhou para a tia e pode ver no semblante dela a aprovação. "A emoção vai direto para o estômago de quem come. Comida pode até matar, e mata!". Mirela abriu o vidro e colocou delicadamente os champignons especialmente prepara-dos sobre a receita, sabendo que seu pai fizera o mesmo em suas misteriosas viagens. O gordo olhava com gula. A moça levou a travessa ao forno.

- Falta pouco.

- Vocês ouviram! Falta pouco. Coloquem a mesa. Que raio de donas de casa são vocês?

Herta tomou a taça de Odete e colocou sobre o balcão. Pegou a irmã pelo braço e a levou até o sofá. A irmã parecia estar em estado de choque.

- Eu arrumo – disse Herta – Ela não está bem.

- Vai perder o almoço! – gracejou o vilão.

Vivian tinha o olhar apreensivo como se quisesse pedir descul-pas à Mirela que mantinha o olhar furtivo. A filha de Cesar estava pensando no que acontecera com o pai, temia a resposta, acendeu a luz do forno para cuidar da receita, como uma mãe cuida de um filho. Levaria alguns minutos ainda. Como se advinhasse o pensamento da moça o gordo deslanchou a falar:

- Seu pai deve estar tendo uma conversa com Dom Ghiottone agora. Ele pensou que ia conseguir fugir pra sempre, mas o velho tem um faro dos diabos. Demorou, mas ele conseguiu pegar aquele bosta. Agora vai cobrar a dívida. – mirou o revólver em Odete, que permanecia imóvel no sofá – Bum! – sussurrou.

A faca de Mirela voou cerca de quatro metros e raspou no braço estendido do gordo fazendo-o soltar a arma.

- Filha da puta! – o sangue escorria de seu braço, ele abaixou, pegou novamente a arma e avançou contra Mirela, pressionando a arma em seu crânio – Você quer morrer, piranha?

Mirela pressentiu a morte e fechou os olhos. Segundos de silêncio se passaram até que o gordo aliviasse a pressão da arma.

- Eu não vou te matar. – sussurrou no ouvido de Mirela - Antes, você vai ter que me servir, bem obediente, do jeito que eu mandar, entendeu? Tire o prato do forno. Eu quero comer.

* * *

Cesar abriu o forno, olhou para o loiro que mantinha o revólver apontado para ele e os olhos apontados para o frango, o cheiro tomou conta da casa. Retirou a travessa e colocou-a à mesa. O frango ao gratinatto era, de fato, um prato bonito, de encher os olhos. Cesar colocou pratos para os três e observou, impassível, a última refeição de seus visitantes. No sul, o mesmo cheiro invadia o ambiente e o gordo era servido por Mirela.

BEM PASSADO

- Falta pouco – informou Mirela.
- Vocês ouviram! Falta pouco. Coloquem a mesa. Que raio de donas de casa são vocês?

A mesa foi posta. Vivian tinha o olhar apreensivo, como se quisesse pedir desculpas à Mirela que mantinha o olhar furtivo. A filha de Cesar estava pensando no que acontecera com o pai, temia a resposta. O frango levaria alguns minutos no forno.

- Seu pai deve estar tendo uma conversa com Dom Ghiottone agora, moça. Ele pensou que ia conseguir fugir pra sempre, mas o velho tem um faro dos diabos. Demorou, mas ele conseguiu pegar aquele bosta. Agora vai cobrar a dívida. – mirou o revólver em Odete, que permanecia imóvel no sofá – Bum! – sussurou – Vai acabar com a raça do seu pai e vai colocar você no lugar da Juliette. Uma troca justa!

A faca de Mirela voou cerca de quatro metros e raspou no braço do gordo, fazendo-o soltar a arma.

- Filha da puta! – o sangue escorreu denso. Ignorando a dor o gordo abaixou, pegou novamente a arma e avançou contra Mirela pressionando a arma em seu crânio – Você quer morrer, piranha?

Mirela pressentiu a morte e fechou os olhos. Segundos de silêncio se passaram até que o gordo aliviasse a pressão da arma.

- Eu não vou te matar. – sussurrou no ouvido de Mirela - Você vai ter que me servir, seja obediente, entendeu? Tire o prato do forno que eu quero comer.

* * *

Cesar abriu o forno, olhou para o loiro que mantinha o revólver apontado para ele e os olhos apontados para o frango, o cheiro tomou conta da casa. Retirou a travessa e colocou-a à mesa. O frango ao gratinatto era, de fato, um prato bonito, de encher os olhos. Os homens gemiam e mastigavam como porcos. Dom Guiottone, com mais classe, levava o garfo à boca e olhava para Cesar.

- Uma pena, Cesare! Uma pena. – outra garfada.

No fundo da travessa um resto de frango desfiado e molho. Nos olhos dos homens a saciedade, na mente de Dom Ghiottone uma sensação amarga. Olhou mais uma vez para Cesar e balançou a cabeça negativamente.

- Foi a última vez. Teve um sabor especial, Cesare! Você mais uma vez acertou no tempero. Juliette tinha razão, a cebola é um caso à parte nessa receita.

O velho baixou os olhos e manteve-se pensativo por uns instantes, levantou-os e fez sinal ao loiro com uma das mãos:

- Corte esse desgraçado, em brunoise!

JURA ARRUDA

A ideia de escrever um conto incluindo ingredientes e modo de preparo de uma receita, surgiu das conversas do autor com a estudante de gastronomia Bethsabá Kampfert, no começo de 2013. A receita escolhida por ambos foi o frango ao gratinatto. O autor colocou-a na página e recheou. Você pode experimentar o prato, extraindo a receita do conto ou seguindo-a abaixo.

A RECEITA DO CONTO
Por Bethsabá Kampfert

Frango ao gratinatto

INGREDIENTES

1,5 kg de peito de frango (desossado)
1/2 cebola picada a brunoise (cubinhos)
óleo de soja (suficiente para refogar o frango)
3 dentes de alho amassados
2 sachês de sazon vermelho
2 tomates sem pele e sem sementes picados a brunoise
2 xícaras de champignons em fatias.
1 copo cheio de vinho branco seco.
2 xícaras de água (conforme achar necessário).
1 xícara de extrato de tomate.
1 lata de creme de leite.
500g de queijo mussarela ralada grossa.
200g de queijo provolone
400g de queijo cremoso (catupiry).
sal, pimenta e cheiro verde a gosto.

MODO DE PREPARO

Cozinhe o frango e desfie (reserve). Em uma panela, em fogo médio, doure o alho e a cebola, acrescente o frango desfiado e refogue até dourar, cuidando sempre para não grudar no fundo.

Acrescente o sazon, os tomates e o champignon. Depois de tudo isso estar bem dourado, adicione o vinho branco. Reduza e coloque todo o extrato de tomate, acrescente a água e deixe cozinhar até sair a acidez do molho. Acerte o sal e desligue o fogo. Agora, adicione o creme de leite e o cheiro verde picadinho.

Em um refratário grande coloque metade deste frango, cubra com metade do queijo mussarela (250g) e com todo o queijo provolone. Adicione o restante do frango, cubra com catupiry e o restante do queijo mussarela. Leve ao forno preaquecido a 180°C até gratinar (formar uma casquinha dourada).

Sirva com arroz branco, batata palha e emoção.

VARIANTES DE UM MESMO OLHAR

LUIZ PASCHOAL

 Tudo vale a pena quando a alma não é pequena. Fernando Pessoa

O autor anda aí pela casa dos sessenta, onde se vislumbra com mais nitidez a casa seguinte do que a antecedente. Desenvolveu alguma habilidade na escrita graças aos livros feitos para fins técnicos e de crescimento pessoal. Tem insistido, desde alguns anos, em estender essa habilidade à ficção e à poesia, mais àquela que a esta, parca e escassa.

Contato: lupasch@terra.com.br

O SUMIDO[1]

A noite já ia pela metade quando bateram na porta. Valério foi atender. Um homem magro, com roupa surrada e barba por fazer quedou-se olhando para Valério, mudo por alguns segundos. Por fim, disse, com voz grave, forte sotaque espanhol:

- Rapaz, você não está me reconhecendo? Eu sou Miguel, teu pai.

Valério ficou sem ar, meio perdido, sem reação, sem palavra. Fez menção de cumprimentá-lo, mas o homem se antecipou e puxou-o contra o peito, dando-lhe um forte e emocionado abraço.

Valério chamou o homem para dentro de casa, identificou-o aos parentes que o conheciam, mas que não atinavam mais com aquela figura e apresentou aos parentes que não chegaram a conhecê-lo. Depois, enquanto atendia ao pai, lembrava a dura vida de órfão que passou desde os dois anos. Sua mãe morreu quando ele era pequeno, de desgosto, após o sumiço do marido. Foi criado pelos parentes, ora por uns, ora por outros.

A vida naquela pequena casa era pobre. Valério teve que dividir seu exíguo quartinho com o pai. O velho ajeitou-se na caminha de campanha que estava num canto e adormeceu. Valério bem que tentou dormir, mas não conseguiu. Como ele chegou até ali? Como descobriu onde ele morava? Devia estar tonto de felicidade com a chegada do pai, aquele pai que ele tanto idealizou em toda sua vida. A imagem que fazia do pai era fantasiosa, formada pelas histórias que ouvia em família, de um homem atirado, aventureiro, com um quê de cigano. Deveria estar feliz, mas não estava. Não que odiasse o pai por ter abandonado o lar, mas estava decepcionado. Sonhava com uma improvável volta do pai e o homem que agora tinha à frente nada lembrava a figura que tinha na mente. Estava revoltado porque ele acabara de desmontar a sua fantasia. Tinha de volta o pai de carne e osso, perdera para sempre o pai ideal com que sempre sonhou.

---

[1] Algumas passagens do conto tiveram inspiração em "Um lugar ao sol", de Érico Veríssimo.

LUIZ PASCHOAL

O METRÔ

Era domingo de manhã, uma manhã fria e nublada. Dirigi-me à estação do metrô para visitar um amigo no outro lado da cidade. O metrô parou na Estação Ana Rosa, entrei e me acomodei. As pessoas estavam calmamente sentadas, lendo jornais, divagando, descansando com olhos semicerrados. Era uma cena calma, tranquila.

Na estação seguinte um homem entrou no vagão com os dois filhos. As crianças estavam agitadas e se comportavam mal, de modo que o clima mudou instantaneamente.

O homem sentou-se ao meu lado e fechou os olhos, aparentemente ignorando a situação. As crianças corriam de um lado para o outro, atiravam coisas e chegavam até a puxar os jornais dos passageiros, incomodando a todos. Mesmo assim o homem a meu lado não fazia nada.

Ficou impossível evitar a irritação. Não conseguia acreditar que ele pudesse ser tão insensível a ponto de deixar que seus filhos incomodassem os outros daquele jeito sem tomar uma atitude. Dava para perceber facilmente que as demais pessoas estavam irritadas também. A certa altura, enquanto ainda conseguia manter a calma e o controle, virei para ele e disse:

- Senhor, seus filhos estão perturbando muitas pessoas. Será que não poderia dar um jeito neles?

O homem olhou para mim, como se estivesse tomando consciência da situação naquele exato momento, e disse:

- Sim, creio que o senhor tem razão. Acho que deveria fazer alguma coisa. Acabamos de sair do hospital, onde a mãe deles morreu há uma hora. Eu não sei o que pensar e parece que eles também não conseguem lidar com isso.

O LIVRO

Apanho um livro na estante
Abro e começo a ler.
Os personagens revivem,
Invadem meu cotidiano,
Convivem comigo como velhos conhecidos.

Veja! Ali está o sábio, o grande filósofo
Olha! Geniais pensadores e escritores!
Gigantes de espírito travestidos de faxineiros
Vêm espanar as teias de aranha do meu cérebro!

Viajo com eles aos lugares mais distantes,
Conheço as eras mais remotas,
Aflijo-me com os dramas mais lancinantes,
Excito-me com aventuras inimagináveis.

Ainda há pouco andei por terras hispânicas
Vivendo guerras de romanos e cartagineses.
Agora novamente nas mesmas terras
Contemplo lutas de franquistas com republicanos.

É assim, cada livro um mundo,
Basta abri-lo e tudo nele revive.
Pessoas antes estranhas se tornam íntimas,
Deixam saudades quando termina a leitura e partem.

Toda fauna humana está ali,
Criaturas inacreditáveis,
Figuras monstruosas,
Homens santos.

Contam-me horrores das guerras,
Relatam absurdos de que são capazes os homens
Os holocaustos variados

Fazem-me pensar no estágio do homem
Mostram-me, enfim, um caleidoscópio humano.

Reabro um livro já lido e revisito meus amigos
Mostram a estranha ética da guerra
Hospitais lutando para salvar
O campo de batalha sujeitando gratuitamente à morte.

Comovo-me com a conquista
pelo casal de personagens mais queridos do romance.
Da tão ansiada paz e felicidade
Ao descobrirem e se dedicarem à beleza das coisas simples.

Terminada a leitura chega a hora de guardar o livro
Recuso-me a fechá-lo, a encerrar nele
Aquelas criaturas que se tornaram íntimas minhas
Dolorosa despedida.

O COLECIONADOR

Justino colecionava canetas e se questionava sobre o porquê daquele gosto. Encontrar a razão, não encontrava, apenas racionalizava: tanta gente coleciona coisas, às vezes as mais bizarras.

Até que um dia conheceu um sujeito que estava aposentado havia alguns anos e se sentia infeliz com o seu dia-a-dia, com suas perspectivas. Sentia que tudo em sua vida se esvaziava dando a nítida sensação de que caminhava para um fim, para um beco sem saída. "Sabe de uma coisa" - disse ele – "cheguei à conclusão de que o sinal mais sintomático de fim de carreira, de que se pegou a trilha da solidão e da invalidez, da aposentadoria da vida, é a carência de canetas. Sempre tive muitas canetas, dos tipos mais variados que ganhava em eventos e em muitas ocasiões. Hoje noto que elas estão se acabando".

PARODIANDO DRUMMOND

Estava pensando num poema do Drummond e me ocorreu que poderia fazê-lo um pouco meu, de mim para Ana Janete Pedri. Ficou assim:

No meio do caminho

No meio do caminho tinha uma *Pedri*
tinha uma *Pedri* no meio do caminho
tinha uma *Pedri*
no meio do caminho tinha uma *Pedri*

Nunca me esquecerei desse acontecimento
na vida de minhas retinas tão fatigadas.
Nunca me esquecerei que no meio do caminho
tinha uma *Pedri*
Tinha uma *Pedri* no meio do caminho
no meio do caminho tinha uma *Pedri*.

No Meio do Caminho (O poema verdadeiro)

No meio do caminho tinha uma pedra
tinha uma pedra no meio do caminho
tinha uma pedra
no meio do caminho tinha uma pedra.

Nunca me esquecerei desse acontecimento
na vida de minhas retinas tão fatigadas.
Nunca me esquecerei que no meio do caminho
tinha uma pedra
Tinha uma pedra no meio do caminho
no meio do caminho tinha uma pedra.
                    Carlos Drummond de Andrade

LUIZ PASCHOAL

LUA INQUIETANTE

Saindo de São Paulo, dia claro
Ainda a Lua, redonda e desperta,
Olha-me com insistência lá do céu,
Como se estivesse ali a me esperar.

Parece recusar-se a se recolher,
Sugerindo ter algo a me dizer,
Esteve contigo ontem a noite,
Por certo ouviu tuas confidências.

Olho para ela ansioso por saber
As coisas que poderia me dizer.
Como aquele personagem ante a esfinge,
Sinto que preciso aprender a Lua decifrar.

O que terá ouvido de ti?
Lindos pensamentos de uma linda poetisa?
Suspiros vindos do fundo da alma?
Sentimentos diversos entrelaçados?

Lanço-lhe olhares suplicantes
Mas ela se afasta, misteriosa
Cada vez mais distante,
Cada vez menos nítida.

Agora só me resta esperar que ela volte
E se decida a tudo me contar,
Nada me esconder.

Ou esperar pela minha amada
Penetrar no lindo olhar e
Auscultar-lhe a doce alma.

LUIZ PASCHOAL

LAURA

Augusto partiu com a família para a Capital, como retirantes, em busca de melhores condições de vida. Vivera até então numa daquelas cidades do interior paulista, hoje tão prósperas, mas que então eram carentes de recursos e empregos. O vigor econômico do Estado mais rico não havia chegado lá.

Nos dias que antecederam a viagem aproximou-se mais de Laura. Essa aproximação chegou com a perspectiva da partida, da separação. A hora da despedida vinha chegando e isso fez aumentar uma afeição até então insuspeitada entre aqueles jovenzinhos de 12 ou 13 anos. Durante esse curto período o sentimento intensificou-se a ponto de passarem a se falar quase como cúmplices e, nesse clima, ele prometeu que viria revê-la tão logo conseguisse e haveriam de namorar.

Os primeiros tempos na Capital foram difíceis para Augusto. Choro, angústia de querer voltar e não poder, uma tristeza sem fim. A dureza da subsistência pobre e a melancolia do desterro, um alimentando o outro. Naquela cidade do interior ficara para sempre a infância pobre, contudo, bem vivida; a nova vida não dava espaço para as antigas brincadeiras, o andar pelo mato, o jogar bola no campinho improvisado de onde subitamente ele e os amigos tinham de correr e se proteger das boiadas que passavam. Vez por outra um touro desgarrado e enfurecido. Banhos no rio? Não mais. Tudo precipitava a precoce entrada na vida adulta, como uma fruta verde maturada a força. Teve que livrar-se dos restos de "casca de ovo" da infância atirado que fora ao mundo para lutar. Era a luta pela sobrevivência, uma força instintiva da lei da perpetuação das espécies. É o enredo de vida da maioria das criaturas. Nesse estágio, tudo o que se quer é apenas sobreviver. É uma lei da natureza, é o instinto de conservação inerente à matéria.

A poluição da cidade grande lhe dava alergia deixando os olhos frequentemente lacrimejantes. Enxugar os olhos tornou-se para ele um gesto característico, repetido. Podia, assim, chorar quando lhe dava vontade sem que os circundantes suspeitassem.

Os novos tempos duros não deixaram, porém, morrer o sonho

LUIZ PASCHOAL

de rever Laura. Ao fim de quatro anos, aproveitando as folgas de fim de ano, embarcou com primos e amigos no trem para o tão sonhado reencontro com sua amada cidade e sua ansiada Laura. O trem estava superlotado, com mais pessoas viajando em pé do que sentadas. Sentar-se, naquelas circunstâncias, era um luxo. Augusto nem sequer conseguiu entrar no trem; viajou cerca de oito horas em pé na interligação dos vagões. Só no trecho final da viagem, após a estação de Araraquara, conseguiu sentar. Sentar ainda não era bem o caso, apenas acomodou-se na própria mala, ainda na junção dos vagões. A rudeza da viagem nem chegava a ser sentida, tal a alegria de estar realizando um sonho. Ali, naquela precariedade toda, aconteceu a Augusto um breve romance, um namorico de viagem, alguns beijos rápidos, num tempo em que poucos se atreviam a carícias em público. Foram momentos tão marcantes que os desconfortos eram encarados como uma alegre aventura e os viajantes, tantas horas em convívio tão próximo, se tornaram personagens que seriam lembrados por muitos anos depois.

Ao chegar à sua cidade Augusto, não obstante o encantamento por rever seu antigo ambiente e seus parentes, quase não tinha pensamento para outra coisa que não fosse o ansiado reencontro. Era o reencontro com sua infância e com a menina que enterneceu seu coração. Ali estavam as duas casinhas geminadas, uma onde havia morado, a outra onde Laura ainda vivia. Tudo ali parecia a Augusto muito menor do que as imagens que tinha na memória. Como podiam ter morado em casa tão pequena, sem água encanada e energia elétrica? Banheiro? Uma casinha de madeira no quintal, onde a latrina era um buraco no piso sobre a própria fossa.

Para Laura foi uma grande surpresa o reencontro. Não acreditava que Augusto voltaria como lhe havia prometido. Tudo era sonho para um e para outro. Longas conversas, longos momentos silenciosos, olhos nos olhos. Era como se tivessem nascido um para o outro. Como almas gêmeas que voltavam a se unir.

Os quatro dias de estada na cidade transcorreram com aquela velocidade indesejada, quando tudo que se quer é que o tempo pare. A viagem de volta foi menos conturbada. Nada de novos romances, pensamento ocupado todo o tempo em rememorar aqueles mágicos momentos e em tecer planos. Não podia imaginar quando poderia novamente estar com Laura, teria que se contentar com as cartas.

Augusto recebia as cartas no endereço do trabalho e sempre que acontecia o fato alterava seu estado de espírito no resto do dia. Trancava-se no banheiro para a primeira leitura e voltava para ler muitas vezes. As cartas vinham impregnadas de *Topaze*, o perfume que Laura usava. Esse seria o cheiro dela para todo o sempre, estivesse onde estivesse. Lendo as cartas Augusto ouvia a música "Laura"[2] e dela Augusto transcreveu a primeira parte, numa de suas cartas:

> O vale em flor
> A ponte, o rio cantando
> O sol banhando a estrada
> Frases de amor...
> Laura, um sorriso de criança
> Laura, nos cabelos uma flor
> Oh, Laura...
> Como é linda a vida
> Oh, Laura...
> Como é grande o amor

O destino permitiu a Augusto ainda algumas viagens à sua terra e ao encontro de Laura e permitiu mais: parentes de Laura também migraram para a Capital e ela passou a visitá-los de tempos em tempos. Novos momentos mágicos, novas juras de amor, mais planos.

O tempo passou e a distância produziu seus efeitos. As cartas foram escasseando, os encontros ainda mais, até que tudo cessou. Uma última carta de Augusto lamentava os novos rumos do destino, a quebra daquela promissora união, aqueles suspiros suspensos... Nesta carta Augusto transcreveu a segunda parte da música, a parte que julgava não estar na sua sina:

> Depois o adeus, um lenço

---

[2] De Alcyr Pires Vermelho e João de Barro

A estrada, a distância
O asfalto, a noite, o bar
As taças de dor...
Laura...
Que é da rosa dos cabelos?
Laura,
Que é do vale sempre em flor?
Oh, Laura...
Que é do teu sorriso?
Oh, Laura,
Que é do nosso amor?
Oh, Laura

LUIZ PASCHOAL

IRONIA

Adriano dirige seu carro na rodovia de volta para casa. O tráfego ali, por volta das 6:30 da tarde, é usualmente pesado, e está especialmente congestionado por conta do feriadão que se inicia. Subitamente começa a sentir-se mal. Não havia dúvida, era outra crise de vesícula. Detém-se no acostamento da via, toma o remédio que carrega consigo, retoma a viagem, avança mais um quilômetro e percebe que não poderá continuar. Por sorte, conseguiu dirigir até parar em frente ao pátio de estacionamento de uma concessionária de automóveis. Não sendo seguro permanecer no acostamento entrou no estacionamento e ali ficou mal conseguindo abrir a porta e colocar a cabeça para fora para vomitar. Sabia como tudo iria acontecer, era sempre igual: seriam algumas horas de tortura, tudo dando voltas, espasmos dolorosos, até se normalizar se tivesse a sorte de receber socorro. Repetiu inúmeras vezes o ato de abrir a porta para vomitar. Após tantas vezes já nem se recolhia mais, permanecia inclinado para fora apoiando-se na porta.

Sempre que lhe ocorriam essas crises lembrava-se de uma em particular em que arrastou-se até o banheiro para vomitar e ali ficou, deitado no chão, sem poder levantar-se, sentindo-se como Gregor em A Metamorfose, de Kafka. Enquanto isso, pensava como tudo ia se encaminhar. Seria socorrido? E se não o vissem e o deixassem trancado no pátio durante toda a noite? Não tinha como sair dali para avisar ninguém.

No fim do expediente da empresa o vigilante iniciou sua jornada e suas rondas. Fez sua primeira vistoria no pátio, constatou a presença daquele carro com a porta meio aberta. Chamou o gerente e foram averiguar. Aproximaram-se do carro com cautela – poderia ser alguma cilada. Por fim tomaram coragem e falaram com Adriano ainda guardando certa distância. Adriano relatou o ocorrido do modo que lhe foi possível falar.

Chamaram o serviço de emergência. Uma espera longa porque o trânsito estava todo congestionado. O horário já era por si de tráfego pesado e, para ajudar, era véspera do feriadão, hora da corrida às praias e dos deslocamentos em todos os sentidos para aproveitar a folga prolongada. O serviço de emergência chegou, conversaram com Adriano, identificaram-no e o ajudaram a se deslocar até a viatura. Decidiram então levá-lo até o Pronto Atendimento mais próximo, trajeto curto, mas violentamente trepidante, uma tortura para quem sofre uma crise de vesícula. No posto mais procedimentos, medição da pressão, perguntas sobre sintomas e histórico, medicação, espera pela reação. No caminho Adriano percebeu que o celular tinha ficado no carro. Não tinha ideia do tempo que levaria até voltar ao carro, se é que voltaria nessa noite. Na cabeça martelava a ideia de que Helena iria ligar, estava sempre preocupada com a possibilidade de uma crise durante suas viagens. Não seria atendida e ficaria desesperada.

Após Adriano ser medicado a pressão, que estava alta, voltou ao normal, a vesícula estabilizou e os socorristas o levaram de volta ao pátio onde estava o carro. Liberaram Adriano, mas o aconselharam a evitar a continuação da viagem que ainda levaria mais de uma hora. Que ficasse em algum hotel próximo e viajasse na manhã seguinte. O vigilante trouxe uma proposta: um motorista da concessionária faria uma viagem para cidade próxima do destino de Adriano e poderia lhe dar uma carona. O carro ficaria no pátio e Adriano poderia retirá-lo no sábado, já que no feriado não abririam.

Adriano voltou para o carro e ali ficou ainda algum tempo para se restabelecer, ligar para Helena e decidir o que fazer. O vigilante ainda voltou para lhe pedir que não saísse do carro, pois soltaria o cão de guarda para o serviço noturno. Em pouco tempo viu o bicho aparecer sozinho e farejar o carro. Era um *hotwailler* enorme. Ligou, Helena ficou muito preocupada, pediu para não prosseguir a viagem. Que procurasse um hotel, quis até falar com o vigilante porque conhecia a teimosia de Adriano. Ao mesmo tempo em que falava ao celular falava também com o vigilante que viera até ali. Perguntou-lhe se sabia de algum hotel bem próximo. O vigilante desconhecia a existência de algum hotel por perto, mas, virando-se, avistou um motel do outro lado da pista. "Olha, lá tem um motel, eles devem ter serviço de pernoite. Eu mesmo já pernoitei muitas vezes em motel, fica mais barato que hotel".

Adriano agradeceu a atenção e a ajuda do vigilante e partiu em direção ao motel retomando a rodovia, retornando na primeira rótula e tomando uma via secundária. Já no quarto ligou novamente para tranquilizar Helena e ficou sabendo que naquele dia era comemorado o Dia Internacional do Sexo. Demorou a conciliar o sono pensando na ironia das coisas: dia seis de setembro, deitado numa cama redonda de motel, espelho no teto, sozinho, todo encolhido como um recém-nascido sofrendo ainda os incômodos que lhe tiravam até a vontade de ir ao banheiro.

A SOLUÇÃO

"Um dia seremos um país livre, não seremos mais escravizados, teremos dignidade, poderemos criar nossos filhos em melhores condições."
Néstor Santiago - Havana, 1959

Em Cuba, 1959, os esquerdistas não se conformavam com os contrastes da riqueza e da pobreza, das mansões e dos casebres, dos carrões de luxo e das bicicletas. Fizeram a revolução e resolveram tudo: acabaram com as mansões e com os carrões de luxo e deixaram só as moradias miseráveis e as bicicletas. Dizer que acabaram com tudo que era luxo seria injusto. Na verdade deixaram mansões e carrões para os que fizeram a revolução.

"Um dia seremos um país livre, não seremos mais escravizados, teremos dignidade, poderemos criar nossos filhos em melhores condições."
Néstor Santiago, neto - Havana, 2013

A ÉTICA

No vestiário do clube, enquanto se enxugavam e se vestiam, os amigos comentavam a luta de boxe da noite anterior.

João lembrou, excitado, que antes que o juiz contasse sete Loredano, o branco, ergueu-se tendo um olho inchado e injetado de sangue. Tucão, o negro, investiu com fúria e os lutadores se atracaram. A multidão berrava "Massacra ele! Mata ele!".

Alfredo reviveu os lances mais excitantes. Todo mundo gritava sem parar; queriam que a luta acabasse com Loredano estendido no chão. Este, contudo, numa reação inesperada, veio com raiva para cima de Tucão e o levou às cordas. Tucão quis acertar a "cara" de Loredano, porém, este não lhe deu tempo e esmurrou-o com toda força. O branco cresceu para cima do preto e lhe deu no rosto, nos rins, no estômago. Tucão tombou nas cordas e lá ficou. A boca sangrava. A torcida gritava "Acaba com ele preto!". O povo estava mordido de raiva, não se conformava em ter pago caro para ver o Tucão derrubar o Loredano e agora aquela decepção.

- Vibrei muito quando Tucão se encheu de ódio, se transformou e partiu para cima do branco cobrindo-o de porradas e botando ele no chão! Eta negão porreta! - exclamava José, na maior excitação.

- Escuta –, interveio Osvaldo, mudando de assunto - vocês viram a notícia do fechamento da rinha de galos na Lagoa Preta?

- Está certo –, comentou João – onde já se viu tanta crueldade com os bichinhos?

Dirceu, que tudo ouvia em silêncio, permanecia quieto, pensando no senso de ética dos homens, nas suas ambiguidades. Refletia sobre o estranho raciocínio que atribuía à briga de galos mais gravidade que a destruição mútua entre seres humanos. Pensava no absurdo das guerras em que combatentes feridos são levados ao hospital de campanha, onde os médicos se desdobram para salvá-los para, em seguida, devolvê-los às trincheiras. Logo lhe veio à mente uma frase que leu num livro de Érico Veríssimo: "Não sei se Deus fez bem em tirar o tranquilo lodo do fundo do rio para fazer com ele esse estranho animal que é o homem".

LUIZ PASCHOAL

OLHARES INTROSPECTOS

NILZA HELENA DA SILVA VILHENA

Não poderás encontrar nenhuma paixão se te conformas com uma vida que é inferior a aquela que és capaz de viver. **Nelson Mandela**

Nilza é uma cinquentona muito curiosa. Sua paixão é contar os mistérios do ser humano e das situações que o envolvem. Escreve contos, mas não se furta em passear por poemas e crônicas com igual entusiasmo.

Contato: nilzahelenas@yahoo.com.br

UMA MULHER COMUM, APENAS UMA PACATA E FELIZ DONA DE CASA

Acordou! A escuridão da noite ainda invadia sua janela e, lá fora, tudo estava muito quieto. Levantou-se com cuidado para não acordar o marido. Foi ao banheiro e, na volta, espiou os quartos das crianças. Ressonavam suavemente. Deitou-se novamente, antes consulta o relógio: 03h59min. Ajeitou-se sob as cobertas encolhendo-se no calor gostoso da cama. Foi relaxando e se entregando ao torpor do sono quando percebeu, com estranheza, o silêncio da rua. Exceto pelo consistente, preciso e atordoador ronco do marido não ouvia nenhum outro som. Já se acostumara a ouvir por trás do ronco, experiência de noites de insônia. Sem gorjeio de pardais ou trinado de pássaros, nenhum canto de galo, nada de latidos, nem mesmo o trem ou um carro que fosse. Tudo estava intensamente silencioso. Resolveu olhar o relógio novamente: 04h19min. Ficou cismada. O marido reforçara a sinfonia. Impaciente, levantou-se, pegou um agasalho pelo caminho e foi deslizando em silêncio pela casa. Destrancou a porta cuidadosamente, depois o portão e se viu na rua. Ali, longe do som dos roncos, podia ouvir o intenso silêncio que havia se instalado naquela manhã de domingo. Era outono, mas achou a rua demasiadamente escura. Começou a olhar tudo com atenção e notou várias lâmpadas dos postes apagadas. Nas casas da vizinhança não havia uma iluminaçãozinha que fosse.

Amélia era uma mulher comum, apenas uma pacata e feliz dona de casa. Cuidava de seu lar, do marido e dos filhos com amor e tranquilidade. Gostava de manter tudo limpo e arrumado. Fazia trabalhos manuais, lia e tinha algumas amigas com quem se encontrava amiúde. Sua família não era numerosa, mas gostavam de fazer festas e reuniões. O marido era um bom homem, tinham um casamento harmonioso e feliz. Costumavam viajar em férias e curtir os finais de semana, somente o casal ou com os dois filhos e estes sempre eram momentos muito especiais para Amélia. Todas as viagens careciam de reuniões de preparação. Juntos estudavam o local com cuidado e cada um podia sugerir

NILZA HELENA DA SILVA VILHENA

um passeio ou atividade. Se pudessem faziam todos e até mais alguns. Do contrário, votavam ou sorteavam o que fazer. A preparação das viagens costumava ser muito divertida. Regada a pizza, sanduíches, algumas vezes até um churrasco ou um jantarzinho mais elaborado. Amélia era feliz, mas sentia um remexer por dentro do peito que não sabia explicar. Era como se aguardasse um grande acontecimento a qualquer momento. Como se uma grande transformação fosse mudar completamente sua atuação. O marido ria-se dela. Dizia que eram muitos livros e que tantas leituras mexiam com seu imaginário. Ela ria com ele, embora em seu íntimo discordasse. Assim passavam-se os dias e seu peito sempre inquieto.

Apurou os ouvidos para mais longe enquanto seguia pela rua deserta e pouco iluminada. Estranhamente sua rua não acabava mais na quadra seguinte, seguia em um aclive e a semi-escuridão, aliada a uma neblina que começava a baixar, impediam sua visão. Amélia olhou para os lados e, discretamente, beliscou o braço: doeu. Deduziu que não era sonho. Um arrepio percorreu seu corpo. Ajeitou mais o agasalho e começou a subir a curiosa continuação da sua rua. De ambos os lados havia jardins com altas árvores, não conseguia ver suas copas, a neblina não permitia. Um cheiro de natureza impregnava o caminho. O silêncio continuava imperando. Sua respiração estava mudando e, em seu peito, a conhecida inquietação. A subida estava cada vez mais íngreme e ela começava a cansar. Quanto mais subia, mais havia a subir. A névoa e o silêncio a acompanhavam. Uma tênue claridade a permitia ver o caminho e perceber a vegetação, não mais que isso. Já estava ofegante. Calculou que já caminhava há meia hora. Sempre subindo. A pavimentação acabara e as árvores desapareceram. O caminho agora era de areia e pedras, só o via sob seus pés e, no máximo, uns três passos à frente. Temia não ter nada a ser visto. A agitação interior continuava, o coração pulsava feito doido e a caminhada, em subida, estava mais difícil pela formação do terreno. Amélia parou. Pela primeira vez pensou no que estava fazendo. Por que continuava esta subida maluca? O que esperava encontrar? Pensou nos filhos, no marido, no conforto da sua casa e da sua vida tranquila. Também se lembrou do remexer do seu peito e de como esperava, ansiava por uma aventura. Continuou a subir. Já perdera a noção, acreditava estar subindo há bem mais que uma hora. Os sons não voltaram, a penumbra persistia, mas nem isso ou o cansaço a desanimava. Dobrou o corpo para frente a fim de esticar as costas e as pernas. Seus chinelinhos cor-de-rosa, de tecido macio e bordados à mão, haviam desaparecido. Surpresa viu seus pés calçados com tênis de caminhada. Seu pijama também sumira. Vestia calças e jaqueta brancas, de um tecido fechado, po-rém, leve e confortável. Em suas costas uma mochila. Olhou seu interior e descobriu seu estojo de costura para viagens, seu kit de primeiros socorros, seu caderno de receitas preferido, o livro que estava lendo, uma nécessaire de higiene pessoal. "Bom... acho que farei uma viagem", pensou. Observou o arfar do peito, ouviu as pancadas do coração, colocou a mochila às costas, respirou fundo e gritou: "Estou pronta"! Neste momento houve uma explosão de luzes e a neblina se dissipou. Amélia arregalou os olhos, piscou algumas vezes para adaptar sua visão. Havia à sua frente um portal de luzes coloridas e um homem vestido de roupas brancas, como as dela, e com um aparelho na mão. Perguntou se ela estava bem e Amélia assentiu. Ele pediu licença e aproximou o aparelho de seu olho direito e depois conferiu: "Amélia Santos, 45 anos, deixará marido e dois filhos. Está certa disso? Serão quatro anos da terra, ainda há tempo para desistir". "Quatro anos", repetiu ela. Olhou para trás, mas não havia nada para ver. Olhou para o portal de luzes coloridas e para o homem. Suas mãos tremiam e sua garganta estava seca. Pensou no marido e nos filhos, em sua casa arrumadinha e em sua vida certinha. Levou a mão ao peito e então sentiu... Apesar de todo mistério e de tantas novidades seu peito se aquietara.

O aroma de waffles invadia os quartos e todos desceram correndo. Amélia estava com uma deliciosa mesa de café da manhã pronta: pão fresco, bolo de milho, suco de laranja, café e leite. Estava terminando os waffles quando os três irromperam na cozinha. "Bom dia! Alguém está com fome?" Os filhos riram de seu jeito e foram se ajeitando à mesa. O marido a abraçou e beijou, perguntando: "O que foi? Tem alguma coisa diferente em você...". Ela retribuiu o beijo explicando: "Acordei imensamente feliz hoje. Que tal tomarmos nosso café enquanto pensamos em um programa especial para hoje"? Todos se olharam e soltaram um delicioso SIM!

Amélia não mentira, estava realmente feliz. A viagem foi maravilhosa, vira coisas que teria que se esforçar muito para reproduzir em palavras. Sorriu ao lembrar-se de Mecabô, o homem que a recepcionara no portal. Ele se esquecera de mencionar que a viagem duraria quatro anos da Terra para ela, mas para quem ficasse seriam apenas 2 horas. Não tinha pudores em encarar que desistira de tudo para viver uma aventura, nem tampouco em guardar o segredo para si. Existiam N possibilidades lá fora. Podia aprender e ensinar em diferentes lugares, conhecer espécies inimagináveis e desfrutar de sensações incomensuráveis. Em alguns dias o portal se abriria novamente e ela poderia dar vazão à sua inquietude. Enquanto isso continuaria sendo uma mulher comum, apenas uma pacata e feliz dona de casa.

OU MORRER TENTANDO

Lara já perdera a noção do tempo. Em uma das vezes que foi espancada passou muitos dias desacordada ou numa semiconsciência. Conforme foi se recuperando e conseguindo concatenar suas ideias descobriu que muitas coisas se apagaram de sua memória. Por mais que tentasse já não se lembrava dos rostos de seus familiares. Recordava-se do movimento da escola, mas quando tentava fixar o olhar em uma pessoa qualquer esta se transformava numa massa disforme que, muitas vezes, a assustava. Em algum lugar havia uma casa e um quarto só seu onde, no passado, se divertia com coisas só suas, porém, não lembrava como eram. Já não chorava pela falta de lembranças porque sem elas sofria menos. Aos poucos e à custa de muitas surras descobriu que se chorasse, relutasse, debatesse ou falasse apanhava. O melhor era ficar feito uma boneca: muda, estática e ausente. Nos momentos mais repugnantes fugia para o fundo de sua mente letárgica. Via-se em um jardim ensolarado, com árvores altas, muitas flores e pássaros que cantavam tão alto que ela não ouvia nada à sua volta. Muitas vezes, quando se dava conta, o carrasco já havia sumido. Corria, então, para o banheiro e ficava muito tempo sob uma água tão quente que lhe avermelhava a pele, mas que trazia uma sensação de limpeza tão necessária. Passava os dias e as noites sem diferenciá-los porque havia uma lâmpada muito forte, constantemente acesa, no cômodo sem luz externa que lhe servia de cárcere. Sentia sempre uma moleza, um torpor que não lhe davam ânimo para nada. Obrigava-se a comer porque quando não o fazia apanhava. Todos os dias o carrasco lhe fazia tomar vários comprimidos e ela não questionava e nem se fazia de rogada, não mais.

Hoje se sentia estranha. Uma sensação de boca seca e uma pontada na cabeça, um mal estar que não entendia. Enquanto tomava banho deu-se conta: há muitas horas o carrasco não aparecia. Fazendo um cálculo mental das vezes que se alimentara e que fora ao banheiro supôs que a ausência já fosse de uns dois, talvez três dias, e isso nunca havia acontecido antes. Esta situação

NILZA HELENA DA SILVA VILHENA

desconhecida desencadeou uma crise de pânico. Fortes dores no estômago e dificuldade de respirar. Encolheu-se em um canto e ficou ali tentando pensar no que fazer enquanto se acalmava. A seu lado uma caixa de papelão, que ela não reconhecia, lhe chamou a atenção. Abriu-a e descobriu que estava cheia de revistas. Sentiu o coração batendo forte e, embora sua mente funcionasse com lentidão nos últimos tempos, nesta hora recebeu uma mensagem clara: "veja a data das revistas". Suas mãos tremiam e os ouvidos zumbiam enquanto buscava a informação. Junho de 2006. Ela deixou-se cair, levou a mão à boca e uma dor forte fez com que vomitasse. Outra crise de pânico. Arrastou-se até o banheiro. Depois de se recuperar Lara foi olhar as revistas novamente. Em várias delas encontrou notícias sobre seu desaparecimento. Não conteve as lágrimas ao descobrir que seu cativeiro já durava quase quatro anos. Viu fotos de seus pais e irmãos, de amigos e professores. Todos pareciam tão tristes quanto ela. Começou a ler tudo, uma matéria atrás da outra, devorou cada linha. Beijou as fotos, riu e chorou com as coisas que as pessoas diziam sobre ela. Por fim um artigo, de uma mulher que ficou por muitos anos em situação semelhante à sua, lhe causou interesse. Além de relatar os maus tratos sofridos Donna descrevia o pavor que a dominava todas as vezes que o seu carrasco (ela também o denominava assim) abria a porta do porão onde ficou por quase oito anos. No começo tentara se defender esperneando, batendo, gritando até perder as forças. Depois, apanhava tanto e passava por situações tão degradantes que um medo paralisante a impedia de pensar ou se defender. Um dia entendeu que estava grávida. O carrasco também percebeu e fez observações horríveis sobre seu filho. Aquilo a despertou de um transe e fez com que, pela vida da criança que carregava, resolvesse virar o jogo. Procurou por todo porão até encontrar coisas que pudessem ser transformadas em armas. Não havia muito porque o carrasco também pensou nisso. A única coisa que lhe pareceu boa o suficiente foi uma banqueta com pernas de ferro ou algo assim. Tirou os pés de borracha e passou a afiá-los nas pedras do chão, cuidando para fazer isso embaixo da cama para que o carrasco não visse as marcas. Começou a fazer

NILZA HELENA DA SILVA VILHENA

exercícios com os braços e pernas e andava feito louca nos 6 ou 7 metros do seu aposento. A repórter perguntou de onde tirou estas ideias e ela disse que começara a lembrar de filmes de ação, sem mais nem menos, e resolveu fazer o que podia para se preparar. Um dia, quando ele entrou, correu com todas suas forças e enfiou a banqueta em sua barriga, deu-lhe um empurrão e ganhou a rua. O homem foi preso e, mais tarde, assassinado na prisão. Ela estava feliz cuidando de seu filho e lutando para esquecer todo o pesadelo que viveu. Ao final da reportagem ela dizia que rezava para que outras pessoas que estivessem em cativeiro também tivessem o momento de dizer "basta" e conseguissem enfrentar seus carrascos. Porque por mais forte e violento que ele fosse, no fundo era só um homem e, reunindo coragem e determinação, podia-se derrotá-lo ou morrer tentando. Lara ficou muito tempo olhando a foto de Donna com um menino no colo e parecia que ouvia sua voz repetindo "ou morrer tentando". Acordou de um sono pesado e espreguiçou-se. As roupas de cama perfumadas e o escuro do seu quarto lhe fizeram suspirar. Era madruga e já estava desperta. Tanto tempo sendo dopada e com aquela luz forte sempre ligada, vivendo de ansiedade em ansiedade, confundiram sua biologia. O dia logo amanheceria e seria especialmente importante. Ela se encontraria com Donna. Queria lhe agradecer pessoalmente porque, se estava salva, tinha sido pelas palavras daquela mulher: "ou morrer tentando". Em seu íntimo Lara já se sentia morta e quando leu aquilo entendeu que não era verdade, que estava viva, que haveria uma pequenina chance de sair do pesadelo e encontrar a liberdade, que para ela tinha os rostos dos pais, irmãos, amigos, professores e também de Donna. A liberdade veio com um caco de espelho. Agora, ali no seu quarto repleto de flores e presentes, que as pessoas lhe mandavam todos os dias, escondia-se dos estranhos. Falara apenas com a polícia, as pessoas do hospital e sua família. Sabia que havia matado o carrasco e isso ainda lhe causava muito mal. O tempo se encarregaria das feridas, dos sentimentos e da reconstrução de seu eu. O cativeiro de Lara ficava a três quadras de sua casa.

NA PRAIA

Lá vinha ela descendo a rampa que a trazia até a praia. Como num ritual descalçou as sandálias e guardou-as na sacola de palha, amiga inseparável de muitos dias. Pisou na areia com seus pés cansados e olhou para o mar. Um olhar demorado, percorrendo todo o horizonte. O dia estava muito claro, o céu de primavera a colorir o mar agitado. Suspirando desceu os óculos escuros. Seus lábios apertados mostravam seu descontentamento (ou decepção?). Passou por nós e, como sempre, apenas um cumprimento leve de cabeça. Dirigiu-se ao Bodião. Ela sempre conversava só com ele. Talvez porque ambos fossem capixabas ou porque o companheiro tinha um ar sério, como um pastor ou juiz, nem sei explicar bem. Já o Moréia acreditava que era porque o Bodião estava sempre muito asseado, nem cheirava a peixe, como os outros pescadores. Bom, pelo sim ou pelo não, era com ele que a viuvona (era como todos a chamavam) tirava notícias todas as manhãs. Se ele não estava ela seguia até lá embaixo e na volta fazia outra tentativa. Perguntar a outro? Não, isso não fazia. Eu gostava de vê-la passar. Achava sua beleza de mulher madura uma coisa muito interessante. Não disfarçava, olhava pra valer. O Cuíca me repreendia. Dizia que era falta de respeito, que eu tinha a metade da idade dela, o que não era verdade, deveria ter dois terços. Como ele não entendia de proporção dava de ombros dizendo: Que *seje,* que *seje,* mas que é desrespeitoso lá isso é. Só que também olhava, assim como todos ali da colônia. Os guarda-vidas, os comerciantes, enfim, todos que andavam pela praia diariamente nos seus afazeres conheciam a passeata da viuvona e olhavam!

De onde estava, arrumando coletes salva-vidas, vi o Bodião balançando a cabeça negativamente. Ela, de costas para mim, não me deixava saber o que se passava. Em seguida, cabisbaixa, saiu largando a sacola no caminho e indo na direção da água. A coisa foi tão acelerada que, por um momento, julguei que ela fosse mar adentro. Parou com água pelas canelas, a bainha da túnica branca molhada e suja do reboliço do mar com a areia. Ela não se importava. As mãos crispadas ao lado do corpo e a cabeça pendendo para

NILZA HELENA DA SILVA VILHENA

frente. Gritou, jogando a cabeça para trás e erguendo os braços aos céus. Seu chapéu voou. Levantei-me lívido. O pensamento que me ocorreu é que daria porcaria.

Larguei o equipamento sobre o bote, descalcei as sandálias, tirei a camiseta, tudo muito vagarosamente e sem tirar os olhos dela. Ela começou a entrar, ouviam-se os gritos e soluços. A água já batia na cintura. Atravessei uma boia pelo tronco e comecei a descer. Olhei em volta e ninguém havia se mexido ainda. Pelo colo, já lhe batia pelo colo. Eu já chegara à água. Olhei adiante e entendi, seria uma sequência de três ou quatro ondas de respeito. Vi quando ela afundou e mergulhei em sua direção. Não foi difícil alcançá-la, me posicionei, peguei-a por trás e sem dificuldade passei o equipamento, ela não ofereceu resistência, ou melhor, não fez movimento algum. Comecei a trazê-la para a praia. Bodião e Cuíca correram a me ajudar.

Sentada na areia ela tossiu um pouco e ficou olhando para o mar com olhos desafiadores. Escondeu o rosto entre as mãos e chorou. Cuíca não aguentou e saiu de perto. Bodião lhe dava tapinhas nas costas e dizia: *Carma*, tá tudo bom, já foi, *carma*. A viuvona parecia em algum tipo de transe. De repente olhou para Bodião e disse: Tens razão, obrigada. Virou-se para mim e perguntou: Me levarias até em casa? Meio aturdido assenti com a cabeça. O Moréia, meio desengonçado, vinha trazendo a sacola e me entregou. Estendi a mão à viuvona e ela aceitou. Levantou-se e tonteou. Amparei-a como pude e fomos assim, meio abraçados, até o meu carro que estava logo no final da rampa de acesso à praia. Abri o carro, ajudei-a a se acomodar e sentei-me à direção. Sabes onde moro? Balancei a cabeça afirmativamente (me sentia meio bobo sem conseguir falar). Ela recostou-se no banco e deu um longo suspiro. Um ano. Espero há um ano. Não há notícia dele ou do barco. Chega! E esse Chega! me deu um baita susto... Foi uma mistura de soluço com grito, de desaforo com desabafo, sei lá, mas foi assim.

- Como é seu nome?

- Tuba. Tubarão. Não!!! Evandro, meu nome é Evandro. Desculpa, eles, os caras da praia, sabe? Eles me chamam de Tuba ou de Tubarão. Para eles todos são peixes... (aiii como sou infeliz...).

- Obrigada Tuba ou Evandro, como queiras.

- Não precisa agradecer. A senhora assustou todo mundo hoje.

- Nem me digas. Estou muito envergonhada. Acho que sumirei por uns dias. Deve ser suficiente.

- Não esquenta, logo o povo esquece e a senhora passará despercebida.

- Tomara! Mas porque me chamas de senhora? Acaso me achas assim tão velha?

- Claro que não. É só respeito. Pronto, chegamos. (aiii respeito??? Sou um idiota mesmo).

- Venha, preciso beber algo forte e não gosto de beber sozinha.

- Sim senhora! (e agora? por essa eu não esperava... se o Cuíca me visse...)

- Espera! Você passa um ano me observando, que bem percebi, salva minha vida, me traz para casa, vai beber comigo e continua a me chamar de senhora? Não me obrigues a dizer um palavrão.

- Desculpe! É que não sei o seu nome...

Ela colou em mim, enfiou as unhas nas minhas nádegas e sussurrou:

- Me chama de Viuvona meu Tubarão.

LINDINHA

A cabeleira negra inundava o travesseiro. A cortina terminada por longos cílios escuros, descendo sobre os olhos, intrigaria qualquer um. Os lábios sem cor calavam segredos da última passagem. As narinas não mais se abriam buscando alimentar a vida. As mãos, postas sobre um peito que já não arfava, ainda guardavam os ferimentos de autodefesa. Os joelhos que quedaram dobrados, como a se proteger de outro vil ataque, enrijeceram-se e assim ficaram. A camisola longa e pueril escondia quase todas as marcas. Ali ao lado ele a observava extasiado. Tão suave! Tão linda! Tão menina! Ele congelara sua mocidade, a salvara de tantos dissabores... Mãos erradas e estradas tortas... Ninguém a iria ferir ou perturbar, ele não permitiria. Amava-a demais para deixar que qualquer coisa acontecesse a ela. Estava ali há muito tempo acariciando seus cachos negros e observando as alterações de cores no corpo sem vida.

Num lampejo de consciência caiu ao chão. Encolheu-se num canto, pernas dobradas junto ao corpo, completamente encolhido, enquanto que com os punhos fechados socava a cabeça com força. Um pranto sentido o levou aos soluços e em sua mente doentia ouvia as perguntas: O que fizeste? Por quê? Chorando alto ele abraçou os joelhos e num balanço cadenciado gemia: Não sei, não sei... Queria apenas protegê-la, só isso... Eu a amo tanto. E novamente o choro o invadia. Tentava não olhar para Lindinha, afundando em seu próprio corpo e cobrindo a cabeça com os braços. Lembrava-se da doçura da menina voltando da escola, passeando pelo bairro com o cachorrinho ou falando sozinha no jardim de sua casa. Ela não tinha medo dele, sempre o cumprimentava com aqueles olhos enormes e muito vivos que o penetravam fundo. Ele bebia cada um dos sons daqueles cumprimentos quando saltavam de seus lábios naturalmente rubros. Idolatrava-a e sonhava com ela. Imaginava-se passeando com ela pela cidade, indo à pracinha, comendo pipoca e rindo de tudo, como via casais enamorados fazendo. Discretamente observava todos os movimentos da menina. Detestava quando voltava da

NILZA HELENA DA SILVA VILHENA

escola acompanhada daqueles pirralhos barulhentos. Era nesses momentos que as vozes em sua mente gritavam: Vês o que te digo? Eles hão de estragá-la. Tome tento e tire-a deste lugar. Então batia com muita força na cabeça para que se calassem e uma agitação tomava conta de seu corpo. O Benevides, que já o conhecia bem, quando o via assim, costumava mandá-lo fazer algum serviço na rua para que se distraísse. Era melhor trabalhar sozinho do que explicar seus gestos aos clientes. Tinha pena do pobre coitado que ninguém quis. Orantes tinha um esconderijo, um lugar só seu. Quando o tio o mandava fazer entregas, pagar conta ou coisa que o valha ele fazia tudo correndo e depois ia para seu refúgio. Era um casarão antigo, perdido em um canto de rua. Os donos ergueram uma cerca de tapumes vermelhos ao seu redor e muito se falou sobre a construção de um prédio moderno. Nunca aconteceu e a propriedade ficou abandonada. Coisa de herdeiros era o que se dizia pela cidade. Orantes tinha um jeito de dar a volta pela rua atrás da igreja e, margeando a casa do padre, chegava a uma tábua solta que usava como porta. Ninguém sabia de sua artimanha e, também, pouco faziam conta de sua presença. Lá dentro o que fora um belo jardim com arvoredos, flores, fonte e caminho de pedras, agora apresentava-se triste e acabado. As plantas nascendo desordenadamente sobre os restos que jaziam quebrados para onde se olhasse. Logo atrás do antigo jardim, a casa. Sem vidas que lhe dessem energia ela estava se acabando. O amarelo de suas paredes era agora um encardido sem graça e em muitos pontos já se via os tijolos onde o reboco caíra. Samambaias saíam das paredes e pássaros adotaram os escombros como condomínio. Na parte superior havia uma grande varanda centralizada, sustentada por lindos arcos emoldurados por estátuas de soldados gregos, agora tudo estava completamente deformado pela ação do tempo, mas não era isso que Orantes via. Para ele a casa estava impecável com jardins cuidadosamente conservados por experientes mãos. Uma casa grande e imponente com paredes brancas, afrescos azuis e telhado muito vermelho. Um vai e vem de pessoas sorridentes e gritinhos de crianças inundavam sua mente. Ele não entendia, mas ali se sentia bem. Subia com cuidado as escadas semidestruídas e sentava no que restara do parapeito da varanda. De lá tinha uma visão perfeita do jardim de várias casas da pequena cidade, principalmente da casa de sua Lindinha. Foi de lá que viu quando ela desceu a rua acompanhada de um bandidinho que carregava sua bolsa de escola. Confuso, lembrou que nunca descera a rua com ela e nem carregara sua bolsa. Por quê? - gritavam as vozes... Ele não sabia. Viu o rapaz tocar os cabelos dela e um grito saiu de sua garganta. Ao mesmo tempo em que as vozes explodiram em sua cabeça dando-lhe ordens e ridicularizando-o por sua covardia. Sim, covarde, era covarde por não defendê-la. Quando olhou novamente viu o rapaz devolvendo a bolsa e beijando-lhe a face demoradamente enquanto ela sorria. Entrou em um estado de histeria andando de um lado para o outro, respondendo às vozes, socando a cabeça e cogitando formas de socorrer sua Lindinha. Quando acordou estava escuro. A cabeça doía muito, assim como todo seu corpo. Seus olhos estavam injetados, suava muito e a pulsação estava descompassada.

Agora estava ali olhando sua Lindinha sem vida. Era só um amontoado de gente naquele canto, na mesma casa velha e abandonada. Abandonada como ele. Alguém que esqueceram em um banco de praça e outros por piedade recolheram. Velho sim, ele se sentia velho, cansado, absurdamente perdido e com medo. Lembrou-se dos pais da Lindinha, do seu tio e do rapaz que a levara em casa. Começou a chorar novamente e as vozes o atacaram com força total. Levantou-se tentando ignorá-las, tocou o rosto gelado de sua Lindinha, beijou sua testa inocente, olhou-a por um longo momento. Esfregou as lágrimas do rosto e um som conhecido destacou-se em sua barulhenta cabeça. Desceu correndo as escadas, atravessou o antigo jardim, passou pela cerca e continuou correndo sem querer dar atenção às vozes, apenas àquele outro som que o chamava.

Em seu depoimento o maquinista contou que o rapaz surgiu correndo, parou nos trilhos, abriu os braços e gritou alguma coisa que ninguém ouviu. Não teve tempo nem de tentar parar a máquina. Foi dispensado pelo policial e na porta da delegacia ouviu um comentário sobre uma menina desaparecida. Coçou a cabeça e pensou que sempre achou aquela cidadela tão pacata, perdida ali naquele fim de mundo. Um arrepio lhe subiu pelas costas. Fez o sinal da cruz, vestiu o boné, entrou no carro da ferrovia e partiu. Na placa ainda leu: Você está saindo de Terras do Paraíso.

FALSOS OLHARES

VIVALDO BORDIN JR.

 Suba o primeiro degrau com fé. Não é necessário que você veja toda a escada. Apenas dê o primeiro passo. Martin Luther King

Nascido em 1957, natural de Campinas-SP. Adotou Joinville-SC como seu lar em 2003, cidade que ama. Entra por contos e poemas. É de um humor que tira as pessoas do acomodamento, escreve abordando realidades, mesmo quando sai do chão, pois tudo nele é ficção.

"Faça um sorriso nascer naquele rosto em que você vê uma lágrima correr. Sua vida será mais feliz."

Contato: vivaldobordin@gmail.com

VIVALDO BORDIN JR.

O SEGUNDO TIRO

Despinguelou ladeira abaixo quando ouviu o primeiro tiro. Quase que não deu tempo de "voar" janela afora quando ouviu o corno chegar.

A porta da frente explodiu com o pontapé, o traído tinha certeza do flagrante. Quase pegou os dois na algazarra, mas Ticomico fora mais rápido e "azulou poeira" correndo feito pensamento ruim. Na desabalada correria lembrou-se de Magrelo, grande amigo, morreu baleado! Ticomico o viu no chão esticado feito corda de berimbau. Tão fino o corpo, em contraste, pois tão grossa era a nêga Rosa, que estava estapeando o assassino, xingando e berrando: "Tinha que matá? Seu bosta. Pelo menos Magrelo me pegava, e pegava forte o safado, vixi!"

Corria. Apavorado, desesperado! Ticomico nem sabia onde estava quando parou. Baixou o peito, mãos nos joelhos, arfando, com o coração pulando na garganta. "Doido, o cara é doido, manso, chifrudo filho da mãe, quase me matou! Só não me borrei por que não passava nem pensamento no fiofó!"

Lá atrás, pálida, na cama, ficou a bela malvada que nem terminara de se arregalar. Dava pra outro o que o marido estava refugando. O tonto, ao invés de fazer a lição de casa, dando apoio pra faminta e comendo a danada no espeto, não! Se fazia de bobo e saia pelos cantos da vida pra jogar sinuca com outros machos! O negócio dele era pegar no pau, do taco de bilhar, bem entendido, abaixar pra tacar nas bolas mostrando a bunda pros outros machos nos botecos. Não era boiola não, era vício de jogo mesmo! Ela, a morenaça? Começou a se distribuir. Veja bem, carne de primeira só tem um destino, ser bem aproveitada, de preferência mal passada, suculenta, no jeito.

Ela nem imaginou, em sua cabeça oca, que seria Ticomico quem se lambuzaria com suas partes íntimas, afinal, com vizinho sempre é mais perigoso...

Um dia aconteceu. O galo dele pulou o muro e caiu pro lado dela no quintal. Ticomico, o dono da ave, pediu licença de pegar o empenado colorido e foi logo dizendo: "Bicho burro! Ainda se

VIVALDO BORDIN JR.

por aí tivesse galinha, mas num tem!". Ah, repito, o galo pulou o muro, mas Ticomico pulou a cerca... Aconteceu que, do jeito que falou ele tomou na cara a resposta da dona do pedaço: "Pode vir pegar, vem. E, escute aqui, quem foi que te disse que falta galinha nesse terreiro? É só uma, mas tem... Ô, se tem."

Rolou mais de um ano a esfolação de pele nos lençóis, alga-zarras e festanças, gritos e comilanças. Até aquele tiro, aliás, até o segundo tiro.

NOITE DE CHUVA E UMA FOTO

Era setembro e a chuva caía alegre em Sampa. A Avenida Paulista, quando molhada, tem o seu colorido dobrado à noite. Asfalto refletindo neons incontáveis, luminosos, telões enormes fixos nos altos edifícios, é de se ver as brigas das luzes, vivas, piscantes, transformadoras da escuridão.

Naquela quinta-feira Alonso não estava bem. Suas lágrimas se perdiam no meio dos veios de água que a chuva deixava em seu rosto, chorava copiosamente sua decepção, não sabia se era com ela ou consigo. Saiu cambaleante de ódio da Alameda Campinas e enveredou-se pela Paulista aguada.

Quem ele procurava levara o seu Porsche GT novinho, os seus cartões bancários (ela sabia as senhas), o seu orgulho e um tapa na cara... De que adiantou? Nada! Ali estava ele, na Paulista, molhado, chorando e arrasado. Merecia? Sem dúvida! Traição é opção, não acontece sem querer. E ele optara por trair. Ainda mais do jeito que fora! Agora colhia os louros do seu ato. Voltou a chorar. Era mesmo um patife ou seria um idiota? Sim, era um idiota de um patife. Um tarado por aventuras amorosas, viciado em tramoias sexuais, um dependente de sexo, sexo e mais sexo. O seu dinheiro conseguia acobertar suas aventuras, mas desta vez ele extrapolou e caíra em um laço do destino.

Cinco dias antes, num sábado de manhã, fora ao Kings Golf Club, em uma cidade do interior paulista, para relaxar um pouco, jogar conversa fora e, quem sabe, fechar mais um bom negócio. Alguns conhecidos e clientes jogavam, outros bebiam um scotch à mesa, e uns tantos degustavam um charuto, mas o que importava mesmo era o entrosamento monetário que sempre surgia em algum lugar no clube. Os ricos gostam de falar de suas riquezas.

A roleta do capitalismo não dava folga e era isto que temperava as idas semanais que ele fazia ao clube. Gostava de falar por todos os poros do orgulho pela sua companhia de táxis aéreos, que jamais tivera um acidente qualquer, como costumava bafejar. Possuía os melhores e mais caros aviões do mercado de luxo para executivos, além de considerar que também tinha os melhores

VIVALDO BORDIN JR.

pilotos. Suas empresas patrocinavam jogos, atletas, eventos de competições de alto nível, como stock-car, futebol, vôlei, iatismo e muitos outros. Também investia em indústrias, portos e na construção civil.

A infância e a adolescência o havia lapidado de maneira estranha. Fora abandonado na casa de parentes pelos pais e educado mais na rua do que em escolas, não matou e nem roubou, mas traficou muita droga e fez muito contrabando, conhecia cada curva, cada buraco das pistas que ligavam São Paulo ao Paraguai, Argentina e Uruguai. Agora, adulto, estava rico. Continuava traficando drogas e contrabandeando. Também havia as mulheres para o mercado de exploração sexual norte americano, europeu e asiático. Os negócios cresceram na ilegalidade e Alonso tratou logo de investir em empreendimentos que o permitissem "lavar" este dinheiro sujo. Pagava bem os seus "testa de ferro" para não correr riscos. Ganhava muito e não se importava com os riscos que corria, pois acreditava que o dinheiro comprava tudo. Só não comprava um amor ferido e isso ele ainda não sabia, descobriu naquele dia.

Casara-se e amava Alice, acontecera há três anos, agora ele estava com quarenta e dois e ela com vinte e oito. Foram manchete de todas as grandes revistas, jornais, toda a mídia os idolatrou. Mesmo jornais do exterior, como o New York Time e o respeitadíssimo The Economist, dedicaram ao casamento do grande empresário uma parcela de suas valiosas páginas.

Aconteceu no clube. Surgiu uma pessoa bem interessante. Chegou dirigindo um Aston Martin DB9, joia rara no Brasil, caríssimo, exclusivo. Vestia-se com muito charme exalando simpatia por trás de um sorriso fácil e amável. Sapato de grife, brilhantes nos adereços, finíssima personagem, mostrou-se muito feliz ao conhecer Alonso. Ouvira falar muito sobre a confiabilidade e sigilo de seus serviços. Foi tudo muito rápido desde que se olharam até a chegada ao belíssimo apartamento do Maksoud Plaza.

Conversaram com mais sossego e entraram logo nas intimidades bisbilhotando cada nicho de seus corpos. Por ser um sábado Alice, apaixonada, não o esperava, compreendia suas ausências.

VIVALDO BORDIN JR.

Enquanto a dupla divertia-se, e muito, com as perversidades. Os beijos foram longos e cheios de línguas, acompanhados de tantos braços e abraços, tapinhas e mordiscadas quanto permitia o rolar pela cama e pelos tapetes. Entregaram-se no sábado, voltaram a se ver na segunda-feira para novos trançados de pernas e para descobrirem outras maneiras de se beijarem.

Agora, aqui na chuva, na Paulista? Alice saiu, deixou-o suando, mesmo com o frio da chuva, horrorizado com a possibilidade de perdê-la e, ainda por cima, se mandou com um dos seus brinquedinhos, o Porsche! (todo canalha consegue fazer isso...) O grande problema é que havia grandes possibilidades dela lhe causar um enorme prejuízo se abrisse a boca para o mundo contando, primeiro por que brigaram, o que já seria um enorme escândalo. Segundo, tudo o que ela sabia da sua vida era demais para ser contado, acompanhando o turbilhão que seria a sua separação. Desta vez ele chorou de raiva. Só não sabia, novamente, se dela ou dele mesmo.

Na terça-feira os amantes foram para a Ilha de Páscoa, barcos e grandes carrancas eram pouco para as loucuras de amantes milionários. Voltaram com o Cessna Citation Mustang na quinta pela manhã, o dia da contenda.

Como foi que Alice soubera do seu casinho? Porém, há de se dizer, não era apenas um "casinho"! Era algo mais, esta sua relação trazia com ela um peso muito maior como ele jamais conhecera antes. Tudo era muito mais que um casinho...

Às vezes, o sexo é uma droga e, no caso de Alonso, era muito sério, ele era viciado mesmo! Também tinha vícios menores como carros caros, aviões e helicópteros, mas isto lhe dava dinheiro, o seu grande vício perigoso era o sexo que tirava Alonso dos eixos e custava caro para ele, afinal, tinha que proteger o seu status, sua moral e o seu casamento.

Quando, naquele sábado, ele viu o Aston DB9 estacionando e a escultura viva sair, com toda a classe e charme do mundo, um arrepio desceu por suas costas, ficou excitado! Antes mesmo de ver, inteiramente, quem sairia daquela máquina ele vislumbrou uma grande aventura.

VIVALDO BORDIN JR.

O que ele nunca imaginaria era que, em uma longínqua ilha, quase no meio do Oceano Pacífico, longe de tudo, acontecesse que, por uma daquelas coincidências horríveis e fatais, o sobrinho de Alice estivesse por ali, com um "tablet" nas mãos! O quê é que o raio do sobrinho dela fazia ali? Uma pesquisa arqueológica? Oras, nunca passou por sua mente que alguém o reconhecesse nos braços de outra pessoa naquele fim de mundo e, ainda para ajudar, imediatamente enviasse um e-mail com sua foto! Era o flagrante de um beijo em plena praia "quase" deserta e com eles quase nus, mas algo além do beijo o comprometia demais, demais! Tinha que ter o "filho da mãe" de um conhecido por ali e, pior, parente da sua esposa. Foi fatal. Alice nunca poderia saber, mas soube.

Alonso chegou em seu apartamento e não estranhou quando ela, carinhosamente, o convidou para tomarem um chope no bairro dos Jardins, algo comum aos paulistas. As travessas e paralelas da Paulista são famosas por seus restaurantes com cardápios de primeiríssima qualidade internacional. Fora o local escolhido por Alice para mostrar sua indignação por ele. A discussão tomou um rumo desagradável e agressivo quando ela o chamou de "tarado estúpido" e disse que tinha nojo de beijá-lo, e outras frasezinhas comuns em brigas de casais. Trouxe ao encontro a foto do "flagrante". Durante todo o tempo da discussão não mostrou a ele.

Quando ele se perdeu na discussão e deu o tapa em seu rosto a revolta pesou no restaurante, mas ninguém se intrometeu. Ela pegou a chave do Porsche, jogou a foto na mesa e saiu. Ele ia correr atrás dela, mas antes olhou a foto para entender por que ela estava brigando e do que estava falando, pois do seu caso de hoje ou ontem seria impossível! Era sim. Quando ele virou a foto entendeu que o seu vício cobrou dele todo o amor e respeito que deveria ter tido por ela e não teve. Lá estavam na foto em um escandaloso beijo na praia.

A chuva na Paulista encobria suas lágrimas, lavava as calçadas e refletia os letreiros, mas não lavava a vergonha que estava sentindo de Alice ter descoberto sobre ele e Reginaldo, o outro milionário.

TITUMA NADAVA

A Terra vivia dias de pânico com as histórias vindas da Oceania. Cidades inteiras haviam sido dizimadas por uma peste que, diziam, tinha vindo de outro mundo em uma nave, um meteorito ou uma coisa qualquer que havia caído do espaço. Fosse o que fosse, trouxera consigo o horror em forma de doença. Uma febre mortal acompanhava a paralisação do sistema digestor, pústulas irrompiam por todo o corpo das vítimas e o fim chegava por hemorragias internas. Era triste, o caos instalou-se no sistema de defesa civil e no programa de controle epidemiológico de toda a Oceania e veio acompanhado de um alerta mundial. A vacina ou a cura estavam longe da realidade e a peste continuava se alastrando. Todas as viagens para fora do continente estavam vetadas e o mundo estava com medo, pois a hecatombe, que se alastrava por toda a Austrália, ameaçava sair pela Terra, sem respeitar barreiras, fronteiras, idades ou posição social.

***

Tituma era um legítimo Anangu, aborígenes das regiões que circundam o Ulurú. Nadava sozinho naquele dia, feliz. Andou muitas horas para chegar à água. Onde morava era um verdadeiro deserto e nadar, para ele e seu povo, era uma dádiva que valia o cansaço da caminhada. Na grande roca sagrada havia várias cisternas, mas descer às suas águas para banhar-se seria ferir os ditos sagrados do seu povo, então, tinha que caminhar bastante para curtir este prazer.

Quando mergulhou pela terceira vez no lago sentiu o baque de forma diferente e muito estranha. Um brilho azul explodiu à sua volta em forma de um grande círculo, isso foi dentro d'água. Quando olhou, assustou-se! Onde estava? Onde? A água sumira! Olhou para o alto instintivamente, acima dele a cor do céu era amarela, tudo o que via era desconcertante, completamente fora dos padrões conhecidos por seu cérebro de quase quarenta anos.

Animais que lembravam arraias voavam como pássaros gigantescos sobre uma floresta de mexilhões enormes e Tituma estava entre eles, estavam por toda sua volta e se abriam e fechavam esperando algo que Tituma não sabia o que podia ser, mas aqueles seres esperavam algo, ele sentiu isto. O solo, como se fosse um piso molhado, parecia não estar sob seus pés, pois ele não o sentia. Ao seu lado passou um inseto com jeito de borboleta, contudo, o corpo parecia com o de um esquilo azul de seis patas! Ou estava delirando ou não estava em seu mundo!

Qual era o significado daquilo? Onde estaria? Lembrou-se que graves doenças e fatos estranhos estavam sendo relacionados com "outros mundos" em vários lugares e por várias bocas. Ele duvidava.

Começou entrar em desespero, suar frio, tremer. Olhou novamente em torno de si e não achou nenhuma referência, estava em delírio, tentou raciocinar e não conseguiu. Não podia estar acontecendo nada daquilo, estava nadando, só isso! Só isso...

***

Quando a grande tragédia assolou aquela parte da Terra muitas cidades sucumbiram, populações inteiras foram dizimadas. Espalhou-se a notícia de que havia uma invasão e que foi algo que veio do quadrante Alpha da Via Láctea, de um sistema solar conhecido por visões telescópicas apenas. Acreditou-se que era de um planeta em órbita de uma estrela semelhante ao Sol.

Verdade seja dita esta estrela existia, era Harrensal, o nome era em homenagem ao seu descobridor, o PhD em Astronomia, encarregado das leituras térmicas e irradiadas de corpos celestes, Dr. Jeshua Batii Harrensal do observatório astronômico "ALMA", no Chile.

Harrensal teria uma massa 1,5 vezes maior que a do que o Sol, sua cor era azul e se encontrava a cerca de 180 anos luz do sistema solar, o que é uma ínfima distância estelar. Em sua órbita ficou provada a presença de planetas e as características de um deles se assemelhavam às da Terra. Deram a este planeta o nome de Manú, que veio de uma eleição feita pelos usuários da maior rede mundial de comunicação *on line* da Terra. Havia muita alegria nisso tudo, pois, caso a Terra entrasse em colapso um dia, por motivos já muito conhecidos (poluição, excesso de habitantes, pouco espaço para plantio), haveria outro planeta habitável para os terráqueos. Apenas faltava, ainda, tecnologia para tal viagem, mas um dia a Terra teria tal tecnologia e iria até Manú. Só que os terráqueos não sabiam que ele já era habitado.

***

Assim como os cientistas da Terra o haviam descoberto, ele, o planeta, também detectara ser visto e soubera da localização do observador. Era algo, para os terráqueos, inexplicável, mas aconteceu, houvera simultaneidade.

O planeta era vivo, os habitantes eram avançados na forma de se comunicarem, faziam isto como um todo e instantaneamente. Sua tecnologia de viagem interplanetária era real e inexplicavelmente natural. Enquanto a tecnologia terráquea estava estacionada nos telescópios em órbita da Terra e uma ou outra viagem à Lua, ou Marte, lentamente, cobrindo pouca distância com morosos dias, Manú não era lento, aliás, era rápido, muito rápido.

Um sentimento reverberou por todos os cantos de Manú, o planeta vivo, ele se percebeu descoberto e tomou uma atitude.

Manú talvez fosse o único no Universo com suas características. Havia toda a força e interferência dos bilhões de seres biológicos. Nestes o ciclo de vida era limitado. Nasciam, viviam e morriam, como na Terra, e lá eles se comunicavam com os elementos naturais, ou seja, os minerais e as forças atmosféricas. Isto só acontecia em Manú. Os minerais metamorfoseavam-se se adaptando às necessidades dos biológicos e as mudanças atmosféricas aconteciam em cada região do planeta conforme as necessidades dos seres biológicos. Uma simbiose perfeita. Esta era a maravilha de Manú. Não havia palavras ou linguagem, se ouviam e tudo era um sentir, uma grande e harmônica rede natural de comunicação.

E o planeta Manú também tinha a capacidade tecnológica de colocar uma nave para viajar pelo espaço utilizando velocidades de dobra e fendas espaciais, os chamados "buracos de minhoca" pelos cientistas da Terra.

Manú entraria em contato direto com aquele outro planeta. Não era por mal não! Talvez, por querer deixar de ser só ou, ainda, por estar curioso. A verdade era que Manú foi assolado por um desejo imenso de contatar a Terra.

Era um bom planeta, inteligente, mas agia como portador da verdade, suas ações eram como as de todos os fortes que acabam sempre se achando no direito de se intrometer no destino alheio. Tal atitude acabaria por mudar o curso da vida dos que estavam na ignorância e a Terra era ignorante do poder de Manú. A Terra era inocente demais em suas ações.

Manú sentia a possibilidade de contatar outra inteligência! Todos os seus seres estavam plenamente conectados e, em raciocínio global, ordenou-se o surgimento de um objeto que viajasse àquele planeta para se fazer contato. Tudo foi muito simples e rápido, a nave interestelar biometálica surgiu como por encanto em Manú e esta seria enviada à Terra, o planeta que "olhou" Manú!

O planeta perguntou-se qual ou quais biológicos de si enviaria para lá. Era necessário, por prevenção, que se adaptassem aos mais variados ambientes suportando temperaturas e pressões atmosféricas de enormes variações, que fossem minúsculos, para ocupar o menor espaço possível e conseguissem conversar fluentemente com outros biológicos, telepaticamente, claro, afinal, isto era natural aos manulanos. Perfeito!

A única coisa que Manú não sabia é que os moradores daquele outro planeta não eram telepáticos. E eles enviaram à Terra uma nave com uma tripulação de seres maravilhosos: VÍRUS.

A Terra foi visitada pela vontade de uma inteligência em se comunicar. Apenas fora com a tripulação errada, a carga viral dizimou várias cidades, uma fatal e triste ironia.

Os vírus ainda conseguiram se comunicar precariamente com Manú, mas não conseguiram relatar o quadro trágico que provocaram. A nave foi enclausurada, congelada e blindada hermeticamente. A presença dela foi abafada, as forças armadas a abandonaram em uma sala que "nunca existiu", no subsolo de um deserto que, também, "nunca existiu". O mundo Terra esqueceria isso, era definitivo, foi um meteorito e a epidemia era uma infeliz coincidência, "nada existiu".

Mas Manú ainda tentou mais uma vez com uma nova e pequena sonda espacial. Abriu um portal de energia entre as dobras espaciais, um "buraco de minhoca" e, com um raio extrator, a sonda

VIVALDO BORDIN JR.

raptou um terráqueo: era Tituma.

***

Diziam que eles tinham enviado uma nave até a Terra e que aterrissara na Austrália, em algum ponto das terras avermelhadas do Red Center, um dos grandes desertos australianos. Foi nas proximidades do Uluru, o segundo maior monólito da Terra. Os aborígenes Anangu habitavam aquele lugar e Tituma era um deles, mas duvidava que fosse verdade essa história de que deuses desceram do espaço ou que havíamos sido invadidos por seres de outro planeta, de outro sistema solar, então, nem se fala. Bobagens ditas por visionários do apocalipse, alimentadas por religiosos antiquados e supersticiosos. Absurdo total e absoluto, afinal, sua comunidade não fora afetada.

Agora lá estava ele, em um lugar estranho, estranho demais para ignorar, e o pior, ele estava nadando tranquilamente quando isto aconteceu. Estaria no tjukurrtjana, o Mundo dos Sonhos dos seus ensinos tribais? Quando ele ganhou os seus totens, ainda criança, foi dito que o tjukurtjana era real. Ahá! Havia batido com a cabeça em alguma pedra em seu mergulho, sim, era isto! Mas, se ele estava vendo aquelas coisas estranhas poderia estar morto! MORTO! SERÁ? Era tudo tão real. Deu um tapa em sua cara. Slap, caramba! Doeu. "Só posso estar vivo, sim, então estou louco?" Ele não entendia, definitivamente, não entendia.

Tituma abaixou-se e pegou o solo onde pisava que escorreu de suas mãos como água e, quando o que escorria batia no chão, estranhamente soltava fagulhas azuladas, eram como pequenos raios elétricos. Olhou sua pele, seu corpo nu, estava íntegro, porém, verde! Como poderia ser verde? Delírio, isso sim, estava delirando.

Tomou um susto! Os mexilhões entraram em um frenesi louco, tremendo e batendo suas conchas, pareciam castanholas gigantes, o barulho ensurdecia, tampou seus ouvidos no exato instante que começaram a cair grânulos do céu, parecia farinha em flocos grandes, os maiores tinham o tamanho de uma mão aberta, desciam como neve e os mariscos se alimentavam com aquilo! Foi então que ele viu! Lindo, era lindo e impossível. Havia muito mais seres

VIVALDO BORDIN JR.

naquele lugar, flutuavam como as grandes arraias que vira antes e todos comiam os flocos.

Eram muitos animais, uma infinidade, de várias espécies, tipos e formas. Alguns lembravam macacos, mas tinham oito membros, como se fossem polvos. Não tinham tentáculos, eram braços longos ligados por uma membrana peluda e eles rodavam e voavam usando as membranas como sustentação no ar!

Uma sombra rubra ocupou o chão onde estava e, pelo céu de alimentos, passou um enorme animal, tão grande como uma baleia azul. Tinha seis fortes e grossas pernas, a forma das pernas era de grandes nadadeiras, olhos azuis estavam espalhados em fileiras pelo seu corpo, Tituma contou quatro em cada lado daquele corpanzil, muitas outras criaturas, igualmente grandes, passaram em seguida como se fosse um enorme desfile para ele conhecê-las.

O alimento, quando batia no solo, desaparecia instantaneamente e Tituma resolveu comer também. Pegou um e colocou na boca, tinha sabor de manga! Delicioso, pegou mais e foi comendo, dissolvia-se ao contato com a língua e tinha variados sabores. Lembrava laranja, abacaxi, acerola, pitanga. Que loucura, só podia ser, estava completamente pirado.

Começou suar de medo, de desespero, nada era coerente, porém, tudo era tão real. Sentia o vento, sentia-se respirar, havia cheiros, sabores, seres e plantas, como podia ter tantas sensações e nem mesmo saber onde estava?

Uma coisa era certa, Tituma viu enorme beleza em tudo aquilo. Quando ele reconheceu isto a chuva de flocos parou. Os mariscos silenciaram, os animais foram para os seus recônditos e Tituma sentiu-se cansado e sonolento. Tentou andar e caiu, entrou em um estado de semiconsciência. Deitado em um solo nodoso, sendo envolvido por uma espécie de casulo de fios muito finos, ele estava paralisado, não tinha como se mexer. Ainda pensou: "Será que agora morrerei de verdade?" Seus olhos se fecharam e ele ouviu, foi dentro de seu ser que ele ouviu... o planeta estava falando com ele. Foi quando Tituma ouviu Manú.

O mundo que ele não acreditava existir havia se apresentando a ele. Tudo era vida, as rochas se comunicavam, as nuvens vermelhas eram vivas, os animais do solo, os animais do ar, os vegetais. A densidade atmosférica daquele planeta era tamanha que permitia a discrepância de seres gigantescos ou pequeninos, que flutuavam pela atmosfera, algo que na Terra era impossível. Tituma começou a acreditar que estava em outro planeta! Como era possível? Ele não sabia. E por que ele havia sido o escolhido? Nem imaginava.

E o lago onde nadava? Lembrou-se de repente. As pessoas começariam procurá-lo. Pensariam que estava morto, coisa que ele também pensava, pois se ele mergulhara no rio e agora estava em um lugar tão impossível, talvez tivesse morrido mesmo... Qual nada, ele não estava morto, não. Nada disso, ele estava em outro planeta e agora queria mais respostas.

A comunicação do planeta com sua mente continuava. Eles, todos os seres e elementos do planeta, mostravam a ele quem eram e como eram.

Não havia carnívoros ali. Todos se alimentavam de substratos que caíam das nuvens. Os sabores eram de acordo com as memórias biológicas. Era um mundo equilibrado em tudo, sua população se autocontrolava, não havia excedentes em seu ecossistema. Manú chegara a um equilíbrio tão grande e forte que até os minerais conseguiam se comunicar normalmente como se falassem mentalmente. E falavam! Sim, falavam, e Tituma neste momento os ouvia, ele estava em contato com um planeta inteiro.

Em sua mente de homem, de terráqueo, Tituma estranhou, quase se apavorou novamente, mas assimilou e entendeu. Amou tudo aquilo e chorou pelo entendido. Agora ele desejava que a Terra também entendesse, quiçá também assimilasse e aceitasse tudo aquilo.

Manú havia conseguido o seu intento em sua última tentativa de contato e Tituma sentiu tudo como se vivesse cada canto, cada ser, cada elemento de Manú. Compreendeu, então, qual era a sua missão: levar à Terra a resposta de como chegar ao equilíbrio entre os homens, os demais seres biológicos e suas reservas naturais.

Foram dados a ele poderes telepáticos para que, assim, convencesse a todos sobre a boa ventura que trazia e que os ouvidos não

VIVALDO BORDIN JR.

se fechassem às suas palavras. O filho da Terra seria o presente de Manú à própria Terra. Tituma também levaria com ele a cura dos problemas provocados pelos vírus enviados erroneamente por Manú.

***

Assim como ele chegou ao planeta Manú Tituma foi transportado de volta ao seu mergulho no lago. A realidade concreta novamente o perturbou e novamente ele chorou. Definitivamente acreditou e caminhou para onde morava, mudaria o mundo. O fardo era pesado. Colocou suas vestimentas rudimentares. A comunidade aborígene de Tituma ficava perto da roca sagrada, o Ulurú, em pleno deserto, era em algum lugar no centro da Austrália.

Contou aos anangus mais velhos o que aconteceu e pediu conselhos de como poderia agir com relação aos políticos, às redes de comunicação e outros meios pelos quais ele, certamente, usaria para levar a verdade ao seu mundo, mas os seus irmãos tribais eram muito conservadores e só se deixaram convencer por que agora Tituma tinha a telepatia em seu poder, e só assim conseguiu o apoio dos seus.

Sentia-se extremamente forte. Dentro dele pulsava a força de um planeta inteiro para levar o destino de paraíso à Terra. Longe, há 180 anos-luz, em um planeta lindo, havia o equilíbrio perfeito, a salvação dos seres terrenos e também de toda Terra estava dentro de si. E agora que ele era um telepático nada mais o deteria em sua missão.

Saiu bem cedinho de sua tribo para salvar a Terra. Foi para a capital com boas roupas, compradas por seus irmãos aborígenes. Desceu em Camberra de um ônibus e dirigiu-se alegre e feliz à Câmara dos Comuns para iniciar a sua obrigação para com o seu amado mundo e tirá-lo da sujeira, da letargia esfumaçada e tecnológica que o estava matando.

Estava tão alegre e distraído que não viu o táxi que vinha rápido, muito rápido. Morreu atropelado na Parkes Way e foi enterrado em um túmulo comum, sem epitáfio ou lamentos, pois não tinha nenhum documento de identidade.

VIVALDO BORDIN JR.

O CANO

A vida aqui é para quem tem muita, mas muita vontade de viver. Se der bobeira te engolem, você vira menininha, mesmo sendo homem ou então vira defunto. Isso acontece se for dar uma de macho demais da conta, aí mano a gente não suporta e dá um jeito de desocupar espaço – disse aquele que seria o líder por ali.

Falando em espaço pega o seu pedaço de colchão e fica naquele canto que tem ali no chão da privada, é pra colocar ele só à noite e dormir. Se tu ainda não tens lençol e nem cobertor vai passar frio, mas vai dormir do mesmo jeito. Os da carceragem passam uma vez por semana perguntando quem quer calmante e antidepressivo. Se já quiser um eu tenho guardado e te arranjo, depois tu pega mais e me devolve. Não é por nada não, xará, mas fica na sua e me escuta só um pouco, assim salva a tua pele de uma coisa ainda pior. Tu deu sorte de ter caído aqui no nosso "x", que é o "um", do "x-dois" pra lá é tudo pau mandado de outro presídio, tem bicho perigoso e bicharada depravada, a maioria aqui dentro já tá com o "bicho da goiaba" pegando firme, é AIDS mesmo, isso dentro da cana é que nem mato no campo. Meu mano, isso tá correndo nas veias da galera e camisinha por aqui é só se tiver grana viva, a carceragem tinha que dar camisinha à vontade pra gente, mas eles vendem e é só na grana e din din é coisa rara dentro das grade mano, aqui dentro a gente usa cigarro como grana, pra comprar um sabonete, uma pasta de dente, coisa assim. Se puder manda a tua família trazer mais chinelo, cobertor, lençol, uns par de sabonete e pasta de barba, lâmina e pasta de dente, tudo é grana, mas bom mesmo é se der pra eles trazer arroz, uns dois pacotes de cinco a cada duas semanas que é pra virar bebida alcoólica, tu vai ter que dar sua parte, a gente faz uma bebida boa lá no "x-cinco", sai quase toda semana. Tem nome? Nem interessa, agora você é o Correio, vai ter que trabalhar um pouco pra ficar aqui no "x-um", vai ser o correio, tem dez "x", o "dez" é dos dedo–duro e estuprador, o correio não vai lá, tá entendendo? O pessoal do "x-dez" é carta fora do baralho, não pode pôr a roupa deles pra secar no corredor e nem barganhar com eles, certo? Vai acostumando, não tem nenhuma escola melhor do que a cadeia. Hoje, aqui, você pode aprender com duzentos e cinquenta professor, nas outras celas tem quase trinta malandro em cada uma, só a nossa é que tem dez, agora contigo. Não sei quem tu é, mas sei que te colocaram com a gente, então, alguma coisa tu tem de especial, é que só na nossa, durante o dia, a porta não fica trancada, é nossa responsa as coisa andá em ordem aqui por dentro. Todo mundo sabe disso. Agora eu só vou te perguntar uma vez: o que é que tu faz lá fora e o que é que tu fez pra tá aqui? Como? Comerciante do centro da cidade e dono de loja de roupas? Aquela grande na esquina do semáforo da principal? Como é que é? Tá bom, eu sei que o blá blá blá não muda, ninguém nunca matou ninguém, aqui dentro é todo mundo inocente, mesmo que se prove o inverso, tá entendendo? Todo mundo aqui é inocente, mas matá cliente dentro da loja é bicho feio, héim? Flagrante é? Piorô, deu treis tiro, ficô travado com o trabuco na mão e nem se lembra de nada! É dose de macaco grande rapaiz, se não tem prática de fabricá defunto é bom nem começá xará, a coisa tá doida pro teu lado! E então, em consideração pela amizade, o dotô delegado mandô a carceragem te colocar com a gente! Pegou moleza! Começa a fazer coisa útil então. Vai agora de cela em cela e pergunta se tem roupa pra pendurar pra secar e faz isso logo, antes da gente sair pro banho de sol. Se perguntá seu nome é Correio, eu já disse, e se alguém quiser favor você tem que fazer, vê se não esquece os recados e se alguém quiser passar alguma coisa pro "X10" vem primeiro falar comigo, só comigo, entendeu? Então vai...

- Aí Correio, vê pa nóis aí quem tem uma bermuda pa trocá com par de chinelo das havaiana, aí, é amarelo e é pra quem tem pé de quarqué tamanho, aqui num rola número não, é ou num é?

- Correio, bota pra secá no corredor, num tem cueca não m'ermão, tá lavadinho, as camiseta e uma bermuda, como é? Não, tô a fim de trocá bermuda não, já tenho chinelo, mas tenho revista das mulé botando pra rebentá, é das boa, tenho treis pa fazê troca com arguma coisa.

- Ô Correio, vê quem tem escova de dente pra trocar com uma caneca plástica nova, é da boa, não é fraca, dá pra usar pra um monte de fim mano.

- É o seguinte Correio, domingo tem visita, tu vai ficá encarregado da porta do pátio. Nem olha pra cara das mulher que vão chegando, vira a cara pro chão ou pra parede senão dá encrenca, é desrespeito, aqui não se olha pra mulher, só se for a da gente. Cuidado pra não ir acertá as conta com Deus antes da hora.

O domingo veio instantâneo e tudo era novidade e estranhamento. A chegada das visitas foi acontecendo, o pátio interno acabou sendo ocupado por lençóis no chão como um ajuntamento de pessoas fazendo um caótico pic-nic. De repente apareceu um branquelão, veio do nada, cabelos loiros e desgrenhados, alto, cheio de tatuagens de cadeia, mal riscadas e turvas, nos braços, peito e pernas, veio com cara de inimigo da vida, arrancou uma escova de dente com o cabo bem afiado no chão de cimento das celas, era um verdadeiro punhal, um plástico duro carregando a morte. Arremeteu para cima sem dó e nem piedade.

Quando sentiu o baque do corpo acordou, estava todo suado, ensopado, assustado e trêmulo. Sua esposa ressonava ao seu lado e murmurou uma sonolenta reclamação. Foi um pesadelo!

Levantou-se, ainda eram três e meia da manhã. Todos dormiam a sono solto. Ele não dormiu mais. Dirigiu-se a estante da sala e abriu o compartimento de cima, o Smidt Wesson 32 cano curto estava lá, carregado, esperando ele levá-lo à loja para mais um dia de trabalho. Sem sono e ainda trêmulo pegou a arma, tirou as balas, desmontou, lubrificou, remontou, recarregou com balas mais novas, o pesadelo fora muito real, não levaria a arma ao seu comércio naquele dia, ainda estava tremendo. Matara alguém, fora preso e estava para morrer quando acordou. Fez um café forte e começou a andar pela casa, foi ao banho para ver se relaxava um pouco na banheira. As horas se passaram lentas e agonizantes. Decidiu ir ao seu comércio para acelerar um pouco o tempo, mas, por teimosia ou por costume, pegou o revólver. Não seria um sonho que o separaria da sua segurança explosiva, o 32 era um grande amigo e não se deixa amigo longe quando uma preocupação te ronda, principalmente com algo que beirava à loucura. Sim, a tensão do dia a dia criou o pesadelo, mas o cano iria à loja